保険は危険がいっぱい!

菊地 勉 著

セルバ出版

はじめに

妻の死

ゴオーッと重低音が響く地鳴りに、私は目が覚めました。

「うん？　何ごと？……」と思いめぐらしたそのあとに今まで経験したことがない衝撃を感じたそのとき、いきなり「ドオゥンッ」と軽く体を突き上げられました。そして、「ガタガタッ」と大きな横揺れが始まり、いつまで揺れ続けるかと思いましたが、やがて、大きな揺れが収まりました。さらにその余韻で家が、キィー、キィーと不気味な軋み音をたてながら、揺れはブランコのように少しずつ小振りになっていき、やがて揺れが完全に静止しました。

１９９５年（平成７年）１月17日の午前５時46分に発生した阪神淡路大地震です。

長きにわたり、保険というファクターを通して多くのクライアント様と繋がらせていただいておりますが、当時、地震災害にあったのは初めての経験でした。そして、私の人生観を大きく変えることになったのが先月七回忌法要を済ませたのですが、「妻の死」でした。

妻が私より先に死ぬことはない、という勝手な思い込みがありました。生命保険は葬式代くらいの契約しかしていませんでしたし、医療保険やがん保険も契約していましたが、いきなり倒れて病院に搬送されて56時間後に天国に逝ってしまいましたので、入院給付金３日分と手術給付金だけでした。いきなりシンパパになったわけですが、毎日仕事漬けで家には寝に帰るだけの日々を過ごしていましたので、物凄い制約を受けることとなりました。

この制約が何かと言いますと、それは「時間とお金」でした。妻が先に死ぬことがないと高を括っていましたので、生命保険で充分な資金を確保していなかったことです。

インターネットで検索してみると、住み込みの家政婦として契約するには、東京や大阪では1ヶ月50万円が要ると書かれていました。妻が生きていてくれた頃と同じ環境下で、仕事に没頭するには年間約６００万円も要るのです。いやはや万事休すとはこのことだと思いましたし、同時に（「リスクを取り扱うプロ」としての自覚と誇りを持って仕事に就いていたつもりでしたが）、リスク対策をしていなかった自分自身が情けなくなったものでした。

このような経験を踏まえて、皆さんに「リスクと保険」について、改めて考えていただけるきっかけになればと思ったのが、本書を執筆しようと思った動機です。

人との繋がり

地震から４日後の21日にＪＲ福知山線が塚口駅～広野駅まで運行再開し、23日に姫路～新大阪間（播但線・福知山線経由）の直通快速が1日一往復運行されたので、西宮、芦屋、神戸の法人と個人商店などの顧客に会いに行くために、23日の月曜日にＪＲ京都線で大阪駅に出て福知山線に乗りました。福知山線での車内は、大きなリュックや鞄などに食べ物や衣類などをいっぱい詰め込んだ人たちで身動きできない状態でした。

ＪＲ福知山線三田駅から神戸電鉄三田線・北神急行線に乗り換えて新神戸駅まで向かったあと、新神戸オリエンタルホテル（現、ＡＮＡクラウンプラザホテル神戸）の前で、折りたたみ自転車を組み立てて、「いざっ出発」と乗り出して坂道を下った数秒後、瓦礫のガラスを踏んだのか？　いきなりタイヤがパンクしてしまいました。

それから、自転車屋さんを見つけては断られることを3回繰り返して落胆しかけていた頃に、４軒目で修理してくれる自転車屋さんに巡り合え、「メチャ！　ラッキー」と、神様仏様と喜びましたが、修理代金が３０００円と言われたときは正直落胆しました。

しかし、大地震の混乱の中、断られ続けてきた中ですごく気持ちよく修理してもらえたのだから、有難く感謝の気持ちでお支払いさせていただいたのを覚えています。そして、その日は、予定通りの顧客への訪問を重ねました。人と人の繋がりを改めて想い実感できました。そして、その日の夜に阪急三宮駅から阪急梅田駅まで電車が動いたと、聞き及び折りたたみ自転車を走らせて、阪急・ＪＲを乗り継ぎ帰宅しました。

当時は、携帯電話が殆ど普及していない頃でしたので、顧客とは固定電話と勤務先の保険代理店が社用車に装備してくれていた自動車電話、ＦＡＸ、郵便でのやりとりが中心でした。ネット、ＳＮＳ全盛の現代には考えられないくらいのアナログ的な社会でした。

しかし、阪神淡路大地震やサリン事件が発生した１９９５年（平成7年）にウィンドウズ95が発売されたわけですが、これをきっかけに民主主義と効率化が社会の基本的な価値観として重視され、合理化されるなど、利便性はよくなった反面、個別な少数意見は反映されにくくなり、人と人の繋がりが希薄になっていき今に至っています。

元暦の大地震

今年の4月14日午後9時26分には熊本地震（前震）が発生し、16日には本震が発生して熊本、大分に被害が及びました。この度、熊本、大分で被災された皆さんには心よりお見舞い申し上げます。

日本列島は大きな活動期に入っております。日本において、怖いものの順に「地震、雷、火事、おやじ」と言われてきました。この意味は、種々あるようですね。

それはさておき、鴨長明の方丈記には、大地震の記録があります。それは、元暦2年（1185年）7月に京都盆地北東部を震源とする直下型地震の「元暦の大地震」が発生しています。壇ノ浦の戦いで平家が滅亡したのがこの年の3月のことです。

「また同じころかとよ。おびただしく大地震ふる事侍りき。そのさま、よのつねならず。山はくづれて河を埋み、海は傾きて、陸地をひたせり。土裂けて、水湧き出で、巌割れて、谷にほろび入る。なぎさ漕ぐ船は波にただよひ、道行く馬は足の立ちどをまどはす。都のほとりには、在々所々、堂舎塔廟、一つとして全からず。或はくづれ、或はたふれぬ。塵灰立ちのぼりて、盛りなる煙のごとし。地の動き、家のやぶるる音、雷にことならず。家の内にをれば、たちまちにひしげなんとす。走り出づれば、地割れ裂く。羽なければ、空をも飛ぶべからず。竜ならばや、雲にも乗らん。恐れの中にに恐るべかりけるは、ただ地震なりけりとこそ覚え侍りしか。

その中に、ある武者のひとりの子の、六つ七つばかりに侍りしが、築地のおほひの下に、小家をつくりて、はかなげなる跡なし事をして、遊び侍りしが、俄かにくづれ、うめられて、跡かたなく、平にうちひさがれて、二つの目など一寸ばかりづつうち出だされたるを、父母かかへて、声を惜しまず悲しみあひて侍りしこそ、あはれに、かなしく見侍りしか。子のかなしみには、たけきものも恥を忘れけりと覚えて、いとほしく、ことわりかなとぞ見侍りし。

かくおびたたしく震る事は、しばしにて止みにしかども、そのなごり、しばしば絶えず。よのつね、驚くほどの地震、二三十度震らぬ日はなし。十日・廿日すぎにしかば、やうやう間遠になりて、或は四五度・二三度、もしは一日まぜ、二三日に一度など、おほかた、そのなごり三月ばかりや侍りけん。四大種のなかに水・火・風はつねに害をなせど、大地にいたりては、ことなる変をなさず。昔、斉衡のころとか、大地震ふりて、東大寺の仏の御首落ちなど、いみじきこ事ども侍りけれど、なほ、この度にはしかずとぞ。すなはち、人みなあぢきなき事をのべて、いささか心の濁りもうすらぐと見えしかど、月日かさなり、年経にし後は、ことばにかけて言ひ出づる人だになし」。

江戸期以前は、かやぶきや木造の建物は軽量であったので、「免震構造」になっていたことになり、地震による被害は大きくありませんでした。当時の人々にとって、振動や火災を伴うことがある「雷」のほうが「地震」より恐れる上だったのです。つまり、「雷、地震、火事…」の順であったことになります。しかし、鎌倉時代から室町時代、戦国時代から安土桃山時代を経て、江戸中期になると人口は、３０００万人を超え、江戸は世界の中でも人口の集中した都市になりました。このように人口が増えると、地震での人命の被害も大きくなってきたのです。

地震避難シェルター

安土桃山時代以降に考案された「地震口」は、地震で戸が開かなくなったときの備えとして、雨戸に小さなくぐり戸を設け、掛け金を外すとバネなどで自動に開くという仕組みのものでした。また、城中や武家屋敷には、避難場所として「地震の間」がありました。さまざまなタイプがあったようですが、概ねかやぶきなどで倒壊の危険が少ない軽量化された屋根をもち、倒壊の巻き添えに遭わないように大規模な建物から離れた場所に置かれました。そして、庭園の池の近くに置き火災に備えた記録が共通してみられます。

京都御所の泉殿、地震殿や彦根城の敷地内にある楽々園、江戸城、現在の東京大学本郷キャンパスにあった加賀藩邸などは、人的被害を少しでも減らすための地震対策がされていました。

このように、織田信長以降に造られた地震避難シェルター、近世日本の都市化が、人々にとって「地震」が最も怖いものにしたことにより、「地震、雷、火事、おやじ…」と時代を経て変っていきました。

そして、東日本大震災により発生した原発事故により、放射能漏れが発生し、現在もなお、その汚染は深刻な問題となっています。因みに放射能、放射線等の損害は、生命保険は保険金の支払対象となっていますが、損害保険では保険金の支払対象とはなっていません。

今や、「放射能・放射線、地震、雷、台風、竜巻、ゲリラ豪雨、火事、おやじ…」となっているのでしょうか!?

人類が考えた英知！　保険

リスクは不変ではなく、変化しながら何度も繰り返していくということです。個人や企業はその変化にうまくシフトしなければなりませんが、過去の経験を教訓にできないまま、殆ど何もできずに今を生きています。

リスクマネジメントとその先にあるクライシスマネジメントの考え方が政治家、官僚、企業経営者やその幹部、個人などの社会を構成する多くの人々に理解され行動に起こされていたならこのような甚大な損害に至らなかったのではないかと思われることが少なくありません。

このようなリスクやクライシスのすべてに対応できるわけではありませんが、その一部を処理する方法として「保険」という機能があります。

さて、現在の個人や企業の社会的経済活動にとって、保険は重要な役割を担っております。その保険について、「保険に入っていて良かった、助かった」という半面、「保険がでなかった、役にたたなかった」ということも多々あります。万一の損失（ロス）をカバーするために、そのリスクに備えられる保険に入るわけですので、その万一のときに保険がでなければ、大変なことになります。

「保険のでる、でない」は、保険約款と社内規定の適用や解釈により決まることになります。話は少し難しくなるかもしれませんが、保険会社は、「リスクの存在」を認識したすべてのリスクをカバーしているものでは決してありません。

純粋リスクと投機的リスク

リスクは大きく分けて、「純粋リスク」と「投機的リスク」があります。保険がカバーの対象とするリスクは、前者の「純粋リスク」で、後者の「投機的リスク」は、対象ではありません。

前者の「純粋リスク」とは、損失だけをもたらすものです。例えば、「家に火災保険を契約していたが、火災により罹災してしまった」場合、火災が発生しなくても利得がないにも関わらず、ひと度、火災が発生すると損失（ロス）が発生します。このようなリスクを「純粋リスク」といいます。

後者の「投機的リスク」は、利得と損失の両方を抱えているリスクのことです。例えば、企業が、「新事業を立ち上げて、多額の資金を投入して工場を新設した」場合に、その後、新事業が軌道に乗らず採算が取れないので撤退した場合には、「損失（ロス）」となりますが、上手く行けば、「利得（チャンス）」になります。このようなリスクを「投機的リスク」といいます。

このように、保険は「純粋リスク」のみを対象としますので、「リスクマジメント」とよく耳にされることがあるかと思いますが、厳密に言えば。「純粋リスクマネジメント」と言うべきでしょう。

さらに、この「純粋リスク」の中から、「故意、重大な過失」や「偶然かつ急激・突発・外来性でない場合」や「錯誤」や「技術の拙劣などによる場合」や「自然の消耗・損耗などによる場合」や「放射能・放射線などによる場合」等々による損失（ロス）は、保険金の支払対象になっていません。

一方、賠償責任保険では、「重大な過失」による第三者への賠償は保険金の支払対象になっています。例えば、飲酒運転や無免許運転をして対人事故を起こした場合は、勿論、運転者本人へのケガなどの保険は一切対象となりませんが、被害者へは対人賠償責任保険の対象となっています。

ただし、保険会社は被害者への支払いを済ませた後に、運転者本人に求償レターを送付されることがあります。つまり、保険会社が被害者に支払った何千万円という高額な金銭を負担しなければならなくなることがあるということです。

ルーチィンワーカー

今の保険業界での現状が短い文章の中に凝縮されている文面が、「戦略がすべて」新潮新書（瀧本哲史著）にあり、その原文の一部をそのまま載せます。

「意識していないかもしれないが、ほとんどの日本のビジネスマンは「高級作業員」にすぎない。いくら大企業に勤めていようとも、テンプレート化された仕事をより早く、より効率よく行うルーチンワーカーなのだ。だから戦略的思考を実践する機会も演習量も圧倒的に少なく、深刻な問題が発生した時に非定型的で非連続的な解を出すことができない。日本の組織で普通に仕事をしていたら必ずぶつかる問題だろう」。

生きることにとても大切な食料や食品、そして、それに付きまとう食品添加物、遺伝子組み換え食品、そして、医療、薬品、化粧品、など…さまざまなリスクを完全に回避できない複雑な社会の現代になってしまいました。

リスクを最小限にして多少のリスクを受け入れて行かないと、生きていくことができなくなってしまいました。

リスクを意識して考動していくことが何より大事です。生命保険や損害保険などでカバーできるいろいろなリスクはありますが、その保険利用の盲点について本書でお話したいと思います。

菊地　勉

平成28年8月

保険は危険がいっぱい！　目次

第2章 聞き上手は契約上手

第3章 保険は甘くない

第6章 売れているからといって良い保険商品ではない

第7章　知らなかったら損する事故

プロローグ

痺れ震える保険代理店業界

いわゆる保険ショップなどの大型代理店での保険販売方法をめぐる問題から、保険業法改正に向けて保険会社と金融庁が動き始めたのは今から3年前の平成25年（２０１３年）のことでした。それから、1年後の平成26年（２０１４年）5月30日には、改正保険業法が交付され、平成28年（２０１６年）５月29日に施行されて３ヶ月ほど経つわけです。

今後、保険代理店業界は生き残りをかけて必死のパッチで業務に取り組まなければ、業務停止処分や廃業に追い込まれる保険代理店がでてくることは必至といえます。

私が損害保険業界に入ったのは、昭和59年（１９８４年）のことですが、その頃とは随分様変わりしてしまいました。様変わりした事の始まりは、平成８年（１９９６年）の日米保険協議の合意に基づき、平成10年（１９９８年）７月１日から損害保険料率が完全自由化されたことに遡ります。

護送船団と評されていた当時の損害保険業界は、自動車、火災、傷害保険などは、どこの保険会社で買ってもすべて同じ内容で、同じ保険料でした。マーケットシェア下位の保険会社でも利益がでるように保険料が設定されていました。

それが保険の自由化になると、保険料値下げ競争と、新たな特約の新設が相次ぎ、さらに外資系生保の独断場であった「医療保険」を、国内生損保での販売が解禁されました。新たな収益源として「医療保険」を国内生保と損保子会社の生保会社等で積極販売しました。保険料値下げ競争を勝ち抜くために、営業優先の利益至上主義に走った結果、保険金支払体制の整備が追いつかなかったことなどにより、不払問題、未払問題に発展しました。

ここから、契約者（被保険者）への注意喚起や重要事項説明の義務化と契約意向確認などのコンプライアンス（法令順守）違反の取り締まりが強化されていきました。もともと、日本の損害保険業界というのは、損害保険会社業界とそれの支配を受け、それに頼ったり、それの言いなりになっている代理店業界に分かれており、長い間、保険代理店は損害保険会社からアホバカ扱いされてきましたし、今現在もそれは変わりません。

この度の改正保険業法において、代理店の位置づけはさらに明確に打ち出されました。

保険会社専属代理店へのシフト

金融庁と保険会社は1社専属の代理店に集約しようとしています。保険ブローカーを除く乗合代理店には厳しい条件の存続要件が示されました。今後、乗合の保険会社を少なくせざるを得なくなった代理店も現に出てきていますし、乗合をやめて専属になる代理店も出てくることも予想されます。

しかし、すべての乗合代理店が専属代理店になることは考えられないことではありますが、その影響は消費者（契約者）の選択肢が減少することにもなり、今まで1代理店にすべてのリスクカバーを買っていたのに買えなくなることもありうることです。

損害保険会社は、個人や売上高規模50億円以下の企業等には定型保険商品をメインに販売しています。これらの保険商品は、保険会社が売りたいものをパッケージ詰めにされた保険でつくられています。個々の細かなニーズに合わそうとアレンジメントできないのです。

もっとも、皆さんのご意志やご意向に沿うように保険契約をカスタマイズすることはできますが、それも予めパッケージされたパーツ（選択肢）を脱着していくタイプになっています。

また、保険の自由化以降、保険会社の合併・統廃合が進んだ結果、物凄く保険会社が減少し、損害保険会社ですと、3メガ損保（東京海上日動のミレアグループ、損保ジャパン日本興亜のグループ、三井住友海上とあいおいニッセイ同和のグループ）と、今現在まだ統合されていませんが、AIU保険と富士火災のAIG損保の4大グループでマーケットシェアの90%を超えるほどになります。先述したとおり、消費者（契約者）の選択肢は減少しましたし、結局、昔の護送船団方式はカタチを変え存続していると言えるかもしれません。

皆さんはどこから保険を買っていますか？

保険の優劣は、保険代理店のスキルにより左右されます。保険を選ぶときに最も重要視しなければならないのは、保険会社ではなく保険代理店なのです。

しかし、保険代理店ならどこでもいいのか？　となるとこれがまたどこでもよくないのです。もちろん、同じ保険会社の全く同じ条件でのパッケージ型保険商品をA保険代理店から保険を買っても、B保険代理店から保険を買っても、表面上は全く同じなのです。何もなければ…の話ですが。

保険代理店といってもそのウィングは広く、顧客の現場のリスクを扱うのは保険代理店自らが担うのであって、保険会社はその結果の保険を扱うにすぎないという、リスクに関するプロとしての誇りをもって業務に取り組んでいる保険代理店から、保険会社が用意した保険商品を売るだけか、それに近い保険代理店までさまざまです。

では、前者の保険代理店が良くて、後者の保険代理店が悪いのか？　というと話はそう単純ではないのです。消費者（契約者）も十人十色ですから、皆さんの求めるニーズに応えてくれるとか、気づきをくれるなど、皆さんの価値観に合った保険代理店から保険を選んで買うことが一番いいのです。

『約款に規定されているとおり、保険金をお支払いできません』

ここで、私のクライアント様での実際にあったお話をご紹介させていただきます。

D生保の「無配当総合医療保険」を契約している社長が白内障のため、両眼に小さなレンズを入れる手術をするので契約をしたD生保の営業所に連絡をしたら、コールセンターに電話をするように言われました。

コールセンターに電話をして電話にでたオペレーターに、「白内障の水晶体観血術をすることになりました。ついては、保険金を請求しますのでよろしくお願いします。手術日程は、左目と右目と続けて2日間となります。」と社長が言うと、応対した女性オペレーターは「保険金請求書など1件書類を郵送します」とだけ言って、電話でのやりとりが終わったのです。同時にN生命にも連絡をしています。

その後、2回の手術を終えて、送られてきていた「保険金請求書など」を揃えてD生保に郵送したあと、ほどなくして「手術給付金、1回分の○○万円」が、同時に保険金の請求をしていたN生保は「手術給付金、2回分の○○万円」が、指定した銀行口座に振り込まれていました。そして、疑問に思った社長から、「これってどういうこと?」と私に相談がありました。

私が、「一般的な場合、2回以上の手術を同じ日に行った場合は、一番高くなる手術給付金が支払われますが、日が違えば大丈夫ですよ」と言うと、社長が私に、「D生保は、それが15日以上って言う説明なんや」。

私が「15日空けても身体に支障はないのですか?」と聞くと、社長は言いました。

「全く、大丈夫や! 忙しいから一気に手術してもらっただけで、コールセンターのオペレーターが、1回目と2回目を15日空けたら2回分の手術給付金がお支払いできますが…と、親切に言ってくれたらそういうスケジュールを組んだのに…」と悔しがる社長に対して、「再度、D生保のコールセンターに電話して、コールセンターの責任者にクレームを言うべきですね。ダメだと言うと思うけど…」言うと、社長が「わかった」と応えました。

社長は、「なぜ、2回分の○○万円でないのですか?」と、カスタマーセンターに電話すると、「1

回目の手術と2回目の手術の間が〝15日以上〟「空いていませんので、約款のとおり1回分の手術給付金をお支払いさせていただきました」とオペレーターの女性が答えたとのことです。

「なぜ、言ってくれなかったのですか？　別に連続して手術する必要もなかったので、手術給付金を2回支払ってもらうために15日間の期間を空けなければダメなのであれば、そうしたよ！　現に、N生保からは2回分の手術給付金を支払ってもらったから、同じやと思うやないですか！」と社長が詰め寄ると女性オペレーターは、「他社のことはわかりませんが、弊社はこういう約款になっていますのでお支払いできません」と答えたと言います。

社長が「責任者と電話を代わって欲しい！　納得できない」言っても、すぐには電話を代わってくれずに、オペレーターは、「改めて、責任者より連絡させていただきます」と言って電話を終えました。

その後、社長とオペレーターとのやりとりの「録音された会話内容」を確認したのだろう、数日後になってD生保の男性社員から社長に電話がありました。

「確かに、弊社の女性オペレーターが社長様に説明をしておりませんので、大変申し訳なく思います。しかし、約款では、〝最初に行われた手術の日からその日を含めて14日を経過した後に行われた手術は別の手術としてこの規定を適用します。〟と明記されています。したがいまして、お申し出のように2回分の手術給付金をお支払いできません」でした。

【図表1　D生保の無配当総合医療保険・約款】

第5条　手術給付金の支払い

第②項

（1）号

2回以上の手術が同日に行われた場合、それらの手術のうち、手術給付金の支払金額が最も高くなる手術が1回のみ行われたものとして取り扱います。

（2）号

同一の不慮の事故による傷害、同一の不慮の事故以外の外因による傷害または同一の疾病の治療を直接の目的として14日以内に同種類の手術（別表5）が2回以上行われた場合、それらの手術のうち支払金額が最も高くなる手術が1回のみ行われたものとして取り扱います。ただし、1回の手術として取り扱われる2回以上の手術のうち、最初に行われた手術の日からその日を含めて14日を経過した後に行われた手術は別の手術として、この規定を適用します。なお、医学的に直接の因果関係があると認められる一連の疾病は、病名を異にする場合であっても、これを同一の疾病として取り扱います。

保険会社の本質・体質は〝昔〟と、全然変わっていないと言える出来事ではありませんか！「金融庁に言いますか？」と社長にお聞きすると、「面倒くさいし、何より関わる時間がもったいない」と言います。いわゆる、泣き寝入りに相成りました……。

今回は、泣き寝入りできるくらいでありましたが、死亡や大きな後遺症がでる場合とか、大きな損害が皆さんを襲ったら、大変なことになる可能性があります。タラレバはありませんが、もし、事前に私に声を掛けていただいたら、D生保の約款は確認できたのにと…残念でなりません。通販やネットを通しての契約でなくても、こんなことになってしまうのです。

できる限り保険金を支払いたくない保険会社に事故の相談・報告しないことに越したことはないですが、どうしてもしなければならない場合には、慎重にすることが肝要です。D生保の事例をみてわかるように、契約者から申し入れのない限り余計な（保険会社にとって）保険金支払いに直結するようなことは、言わないという証左であります。保険会社からの直接の保険購入や保険会社のカスタマーセンターなどとのやりとりは、保険の約款や規定、法律などに精通し、交渉術に長けた皆さんにはおすすめです。

しかし、「保険は難しい」と言っている皆さんや、保険約款など事前に読破して理解することは難儀だと思っている皆さんが、「保険料の安さ」「利便性」などの魅力だけでチョイスするのはおすすめできません。保険は、公開された約款だけではなく、非公開の社内規定並びに、社会通念上などの常識と法律上の解釈によって保険金の支払いが決定されているからです。

保険は出ない項目が8割

ところで、ある損害保険のパッケージ型保険商品である「企業活動総合保険」のパンフレットに記載されている「保険金をお支払いする場合」と「主な保険金をお支払いできない場合」を数えてみました。

皆さん、「保険金がでる、出ない場合の比率はどれくらいだと思いますか？　保険会社のことだから、保険金の出ないのは半分くらいだと思いますか？　事故になってもちゃんとお支払いをしてもらえてきた皆さんだったら、保険金のでる方が多いと思われますか？

「保険金をお支払いする場合」と「主な保険金をお支払いできない場合」の項目のうち前者が44項目、後者が140項目あります。この比率割合は、23・91％対76・09％なります。実に約4分の3において保険が出ないということになります。

更に「保険金をお支払いする項目の中には実損害額ではなく、お支払額を制限したり、特定リスクを除外したり、制限したりと、複雑に網羅されている46項目を加味すると、前者は変わりなく44項目で、後者は186項目になります。同様に比率割合は、19・13％対80・07％になります。実に約5分の4において保険が出なかったり、出たりということになります。

保険が出なかったり、出たりする項目が8割を超えます。何と8割超なんですよ！　トラブルになるのも頷けますね。しかも、パンフレットにはこう記載されているのです。

「主な保険金のお支払いできない場合」と。そして、最後に「など」という文字で締めくくられているのです。これに対して保険金のでる場合は、「保険金のお支払いできる場合」と記載されています。保険金をお支払いできない場合は、限定されているわけではないのです。「主な」と「など」により柔軟に対応できるように準備されているのです。

パンフレットに記載されている「保険金がお支払いできるリスク」にど真ん中のストライクとなる場合よりも、なぜか？　ギリギリで微妙なエリアの事故が多いと、経験上感じています。ストライクかボールか？　完全なボールとなるアウトの事例を除いて即断できない事例が多いのです。何せ8割ほどは保険金が出たり、出なかったり項目で構成されているのが保険商品なのですから。

お客様ってかわいそうですね！

「お客様ってかわいそうですね！」この言葉は、弊社を担当する保険会社の女子営業社員から発せられたものです。営業といってもほぼ週に一度弊社に申込書を回収に来ることが主な仕事と言ってもいいくらいです。

そんな彼女と、たまたま、「契約者の落ち度はなくても告知義務違反になって保険適用できないケースなど」について、何とかならんのかな？　と話をしたところ、彼女はびっくり眼になって、「えっ！　そうなのですか？　初めて知りました…」　そして、少し間をおいてから、しんみりと、「お客様ってかわいそうですね！」と吐露したのです。まるで他人事なわけなのです。

ＯＬとして勤務する保険会社が販売している保険商品やその周辺のことを知らなさすぎるにも程

があります。彼女の立場で発するフレーズでないことは確かです。

損害保険会社の特に3メガ損保は、女子社員を営業に出し、男子社員を営業の末端から引き揚げさせるなど、営業現場の員数を減員し続けており、その数は年々減少することはあっても増加することはありません。

保険はよろず相談サービス

今や、通販やネット販売でお気軽にお手軽に、24時間いつでも保険を契約することができるようになっています。契約するための利便性の向上は一気に進みました。

しかし、保険は、出口の保険金を支払うときが一番真価を問われます。先の大震災のとき、やはり頼りになったのは「人」。地元の「保険代理店」だったのではないでしょうか？

そもそも、保険は誤解を恐れずに言いますと、「よろず相談サービス」が基幹としてあって「度を越した合理的・効率的なシスマチックさ」が似あわないビジネスであります。

俗人的と揶揄されますが、ビジネスライクだけでは解決できないアナログ型の柔軟な対応スキルが根幹にないと成り立たないし、決して通販やネット販売などでは成しえないマーケットのはずでありますが、残念ながら、今や保険会社業界が効率化・合理化に突き進んでおり、その流れは止められません。

もともと、保険会社は、「保険料収入（売上高）＝保険代理店」という考えのもと、ひたすら「その数」を増やしてきました。保険代理店のスキルや適性などではなく、とにかく頭数である「その数」を増やすことが保険会社の規模拡大になると思い込んでやってきたのです。結果、莫大な事業コストの採算性を考慮せずに掛けて、日本全国津々浦々に張り巡らしてきました。

ところが、保険の自由化以降、「その数」が保険会社の生き残りの厳しい戦いに突入していくにつれ、足かせになってきたのです。それから、単なるコストである保険代理店に手を付けてきたのです。手数料をカットするためにありとあらゆることを実施してきました。廃業させてきたりしました。

また、そもそも、保険会社と保険代理店は、社会に対しても、マーケットに対する立ち位置が違うにもかかわらず、地域の代理店を損害保険会社の直営代理店に統合させたり、保険会社系列の大型代理店に吸収したり、組み込んだりもしてきました。

改正保険業法が施行された今から、保険会社の厳しい姿勢の中で、さらに「その数」を減らしていくことになるでしょう。

皆さんにとって、損保固有の「補償機能」を果たすうえで保険代理店の役割は重要です。保険で後悔されることのないようになっていただく、保険と上手くお付き合いしていただくために本書がその一助になればと願うとともに、保険が皆様の良き支えになることを願うものです。

本章に入る前にちょっと

生命保険・損害保険の募集体系について触れたいと思います。生命保険や損害保険を販売できる資格を持っている人を「保険募集人」といいます。この保険募集人のタイプはたくさんあります。

損害保険会社に所属して保険を募集する人を、「直販社員」といい、損害保険会社では、動産系損保会社であった旧日動火災（現東京海上日動火災）、旧大東京火災海上（あいおいニッセイ同和損保）と、富士火災（のちのＡＩＧ損保）の３社です。他には独立や代理店使用人を目指している直販社員がいます。あとは、大多数を占める法人・個人保険代理店があり、１社だけの保険を取り扱う専属代理店と複数社の保険を扱う乗合代理店があります。

以上で損保の90％ほどを占め、残り10％ほどは、保険会社社員の直扱いや通販（ネット）、そして、ソニー損保のようなネット保険会社ということになります。

保険代理店は、専属・乗合代理店に別れると言いましたが、この代理店形態はさまざまあります。ご紹介しますと、まず、保険業専業代理店と兼業代理店に別れます。代理店の規模も１人から数百人まであります。兼業代理店としては、自動車販売会社、自動車整備会社、バイクショップ、不動産販売・建築・不動産仲介会社、銀行・証券などの金融機関、クレジットカード会社、士業（税理士、公認会計士、社会保険労務士、行政書士、司法書士など）、これら以外の一般企業の代理店部門や、その子会社の別働体代理店などがあります。

生命保険では、日本生命や第一生命など「漢字生保」の女性外務職員（女性に交じって男性の外務職員もいます）や、東京海上日動あんしん生命などの「ひらがな生保」や、ソニー生命やジブラルタ生命などの「カタカナ生保や外資系生保」で仕事に励む保険募集人がいます。損害保険では、自動車販売会社、自動車整備会社、バイクショップ、不動産販売・建築・仲介会社、銀行・証券などの金融機関、クレジットカード会社、士業（税理士、公認会計士、社会保険労務士、行政書士、司法書士など）、そして、これら以外の一般企業の子会社・別働代理店などがあります。

今や、なくなって久しいですが、たばこを対面販売していたお店でも保険の取次ぎをしていたことがありました。戦後からしばらくは、顔の広い地元の名士に損保代理店の登録をしてもらって、案件を紹介してもらったら、保険会社社員が保険契約手続をしてその名士の代理店に手数料を払っていた時代がありました。

生命保険では、戦後、簡易生命保険法・官営の独占月払生命保険が、民間に解放されたのが、１９４６年（昭和21年）のことでした。多くの生命保険会社にとって再建の第一歩となりました。月払保険はセールスが担当地区の新規募集と集金活動を並行して行う営業活動に導入するためには大量の営業職を必要としました。

そこで、男性の求人難の時代に、戦争未亡人を女性営業職員として大量採用したのが日本生命で、今のセイホのセールスレディのスタートとなりました。

さまざまな募集体系がある中で、保険募集人のことを生命保険は「生保営業マン」と、それ以外は、「保険代理店」と、本書では表記します。

プロローグの最後に、損害保険の基本である火災保険についてお話します。

火災とは火床から火勢が自力で拡大し得る状態をいいます。火があっても自力で拡大しない「火」は「火災」ではありません。

さらに付け加えると、「場所的、時間的な偶然性が存在すること」と、「燃焼により、経済的な損害が発生した結果が存在すること」が条件となります。

それでは、「火災」ではない事例を挙げますと、

a　タバコの火がテーブルクロスの上に落ちて、丸く小さな焦げ跡ができた。

b　アイロンを誤って、畳みに落として焦げ跡ができた。

c　焚火の火の粉で、建物に設置していたテントに焦げ跡ができた。

d　電気機器がショートして焼けて煙が出た。

e　今や見かけなくなって久しい風呂釜（セミ式外釜やバランス釜など）で、浴槽の水がないか、水位が焚き口の位置より下がったことにより、空焚きとなった。この場合、風呂釜のみが熱により損傷した。若しくは、浴槽の焚口辺りが黒く変色した。

しかし、私が損害保険鑑定人をしていた25年余り前は、eの事例では、関東においては火災保険金の支払対象外でしたが、なぜか？　関西では浴槽の焚口辺りが黒く変色した損害に至れば、火災保険金の支払対象となっていました。セミ式外釜やバランス釜が多く使われていた頃は、損害保険会社からの依頼により現場によく駆けつけたものです。

第1章　保険の諸悪の始まり…規模拡大の果て

1　それは平成5年の宮沢・クリントン会談から始まった

「ブラックスワン」が儲けたワケ

日本の第三分野（医療・がん保険など）は、昭和49年（1974年）に、ブラックスワンのテレビCMでお馴染みのアメリカンファミリー生命保険会社（以下、アフラックと呼称）が、日本で初めてがん保険の販売を開始しました。

アフラックは、がんの不安を煽って保険を売りまくり25年後の平成元年（1999年）にはマーケットシェアが85％を超えるほどになりました。その独占を支えたのは、日本政府がこの第三分野について、日本の保険会社が参入することを禁じられたアメリカとの約束にありました。実は、外資によるがん保険の独占は日本の国策だったのです。

平成4年（1994年）に新しい保険事業のあり方について、保険審議会から答申されています。その内容は、販売に係る規制緩和、販売チャネルの多様化と、情報提供の充実等です。

山浦広海氏が、インターネット上で、「日米保険協議とGATSサービス交渉」（PDF版）の中で次のように指摘されています。

「保険法制改革において、平成4年保険審議会答申の取組みの当初から、GATSのサービス貿易自由化に呼応する保険事業の自由化対応が基底に置かれていれば、日本にとり不本意な日米保険協議を招く必要が生じなかったことと思われる」。

平成５年（１９９３年）の宮沢・クリントン会談において、保険・自動車、自動車部品について話し合われ、保険分野の規制緩和を目的とした「日米保険協議」が動き出しました。

これは、日米保険協議とＧＡＴＳ金融サービスの両面で危機的な状況に陥る中で、日本の保険分野が本格的な自由化による市場開放を、戦後初めて迫られて国際化対応上の試練に直面することになった交渉である日米保険協議が、翌年の平成６年（１９９４年）からスタートして平成８年（１９９６年）に合意したわけです。

その内容は、既存の生命保険会社の第三分野への参入は認められず、生命保険会社と損害保険会社の相互参入の解禁に留まり、さらに外資の独占維持を平成13年（２００１年）まで延長する「激変緩和措置」が決定しました。

そして、約束通り期限がきて撤廃されましたが、大手生命保険会社と損害保険会社の子会社生命保険会社のみで、大手の損害保険会社の参入はさらに半年遅れて７月からとなり、平成15年（２００３年）に全面解禁となりました。

郵政選挙からＴＰＰへ

アメリカ生命保険協会のキーティングが、「かんぽは民間から仕事を奪っている。民間会社は民営化に意義ある参加をすべきだ」という談話が発表されて、それに呼応するように平成17年（2005年）郵政選挙が行われました。そして、平成18年（2010年）に、「民主党（現、民進党）の菅元首相が党内の討議もへないまま独断専行で唐突に、同じく、野田元首相が関係国との協議に入ることを表明したTPP参加は、平成25年（2013年）になって自民党の安倍首相が「TPP参加」を決定しました。

第8章で触れますが、TPPの最大のターゲットは保険なのです。TPP交渉参加において、かんぽが狙われていますし、現にがん保険の販売を自粛させられています。郵便局の解体もTPPもアメリカの保険会社の事業拡大のためとしか思えてなりません。

2　金融危機に揺れた平成9年に起こったこと

保険の自由化は金融危機のさなかに始まった

日米保険協議の合意と、損害保険料率の完全自由化の間の年は、日本政府にとって「危機管理」に揺れた1年でした。金融機関の不良債権問題に対する対応のまずさや、インドネシア、マレーシア、フィリピン、韓国に飛び火したタイで起こった金融危機や、翌年に起こったロシアの対外債務不履行により、資本市場は大激動して世界経済が混乱しました。結果、安全性を追い求め、高いリスクには投資しないために資本市場は冷え込みました。

この年には、北海道拓殖銀行、山一証券と、日産生命保険が倒産しました。その後の平成11年（１９９９年）には、日本長期信用銀行、日本債券信用銀行と、東邦生命保険の倒産が続きました。

これだけでは終わらず、さらに平成12年～13年（２０００～２００１年）にかけて、第百生命保険、大正生命保険、千代田生命保険、協栄生命保険、東京生命保険が倒産しました。そして、平成20年（２００８年）に大和生命保険が倒産してしまいましたが、その後は生命保険会社の倒産はありません。

倒産した8社はすべて国内生保ですが、その後を受け入れた生命保険会社はすべて外資系生保でした。その他では、個人向け住宅ローンを主に取り扱っていた住宅金融専門会社（住専）が、不動産業界に貸し込んだ結果、住専7社のうち6社が破たんしました。

このように、日本では、金融機関の大型倒産が相次ぐ中で危機意識が高まり、その結果、資金繰りに困窮した中小企業の多くが倒産したわけで、市場心理の急変によって、この平成９～10年（１９９７年～１９９８年）は、世界経済の流れを変えたといえます。

そんな不景気の真只中に、損害保険料率の完全自由化が平成10年（１９９８年）にスタートしました。損保間の競争が激化し、大阪では前年より70％減の保険料で契約手続する事態に至りました。

あまりにひどい状況なので、金融庁から是正の指示が入り、損害保険会社は、翌年には元に戻すことになりました。銀行も大概ですが、損害保険会社は箍を外されると、何でもありで節操と言うものがありません。

保険会社は保険代理店をアホバカ扱いしています。しかし、保険会社こそ自社の社員教育をしっかりとするべきで、リテール（マーケットの約90％を占めます）担当の保険会社社員の質の劣化は、進んできています。知識集約産業といわれたこともある保険会社ですが、そのことを偲ばせる風情は現場においてはありありません。

営業現場の人員撤収は生き残るための条件

この厳しい保険契約獲得競争の中で、保険会社が選んだ道は、現場の営業社員を減員することでコストを抑え、儲かる分野へ社員を異動させることでした。

少なくなった現場の社員で対応できるように、弱小保険代理店を潰すか、弱小保険代理店を数多く集めて一つの大きな数字のある保険代理店をつくるか、大型店に吸収させるかということを強力に推進していました。

そして、保険料値下げ競争を繰り返し、保険契約をたくさん獲得して競争を勝ち抜くために、新たな保険商品や保険特約を新設してマーケットに送り込んできました。この営業優先の利益至上主義に邁進したことが、保険金の支払体制整備の遅れに繋がり、保険金の不払いや未払いに発展しました。

殆ど取り上げられていない医学的誤判断による不適切な不払いは、これらのこととは関係なく続いています。

3　赤信号みんなで渡れば怖くない！　保険業界の悪夢の始まり

悪いことをしても今も元気に生きている保険会社

10年ひと昔といいますが、今から11年前の2005年（平成17年）2月、富士火災海上保険への金融庁検査で、自動車保険4800件、1・2億円の不当な不払いが発覚しました。さらに、明治安田生命保険において、詐欺無効を理由に死亡保険金を支払わなかった213件のうち、162件は本来支払うべき契約であった死亡保険の不当な不払いが発覚し、金融庁から明治安田生命保険へ「2週間の業務停止命令」が下されました。

さらに、その後も明治安田生命保険で新たな不払いが発覚したことなどから、金融庁は平成17年（2005年）7月、明治安田生命保険を除く国内すべての生保3社に対して、過去5年間（平成12年度～16年度）における不適切な不払いを再検証するように要請しました。その結果、明治安田生命保険を除く生保各社の不払いは31社合計で435件、約20億円であったのに対し、明治安田生命保険では、前回分と合わせて、1053件、約52億円にのぼることが判明しました。これを受けて平成17年10月（2005年）に、金融庁は明治安田生命保険に2度目の業務改善命令及び業務停止命令を下しました。

それから、平成18年6月（2006年）に第一生命保険での約1億円の配当金支払漏れが発覚し、同年7月には日本生命保険に対して、書類の改ざんによる保険契約の不正解除が発覚したことを理由に業務改善命令が下されました。

そして、損害保険では、平成18年6月（２００６年）には、旧損害保険ジャパン（現損害保険ジャパン日本興亜）に2週間の業務停止命令が、さらに同社の山口支店に1ケ月の業務停止命令が下されました。翌月の7月には三井住友海上の2週間業務停止命令が下されました。さらに、平成19年1月（２００７年）に第一生命保険が、三大疾病特約での大量の支払漏れがあると公表し、他の大手生保各社においても同様の支払漏れがあると判明しました。

そこで、金融庁は、改めて平成19年2月（２００７年）に国内すべての生保38社に対して過去5年間（平成13年度～17年度）における保険金等の支払漏れの状況を報告するよう要請しました。

その報告によると、全社合計で約44万件、約３５９億円の支払漏れがありました。その中身は事務的なミスによるものや、契約者や被保険者への支払いができるにも関わらず、敢えて生命保険会社から親切に案内しなかった「請求勧奨漏れ」が多数を占めました。

これらの調査を継続して行い、平成19年10月（２００７年）に、大手生保を含む24社が金融庁に、過去の分を含め38社合計で約１２０万件、約９１０億円にのぼる膨大な支払漏れがあることが曝されました。

そして、２００８年7月に保険金不払い等が判明している生保37社のうち、多数多額の10社（日本生命保険、第一生命保険、明治安田生命保険、住友生命保険、朝日生命保険、富国生命保険、三井生命保険、大同生命保険、アフラック、アリコジャパン（現、メットライフ生命保険）に、金融庁業務改善命令が下され、解除される平成20年12月（２００８年）まで続きました。

お金をできるだけ支払いたくない保険会社

事の始まりは、１９９６年（平成８年）の日米保険協議での合意により、１９９８年（平成10年）7月1日より損害保険料率が完全自由化されたことに遡ります。損害保険各社の競争が、益々激しくなっていく中で、保険料値下げ競争と、各保険会社の新たな特約の新設が相次ぎました。

プロローグでもお話しましたように、外資系生保の独断場であった「医療・がん保険」が、国内生損保に販売解禁されたことにより、新たな収益源として「医療・がん保険」を国内生保・損保と損保子会社等が積極販売をしました。保険料値下げ競争を勝ち抜くために、営業優先の利益至上主義に走った結果、保険金の支払体制の整備が追い付かなかったことにより、不払問題に発展したのです。

この不払いの形態は、事務的なうっかりミスによる不払い、多すぎる特約の支払いに際して査定部門が把握できなかったなどによる不払い、システム不良などによる不払いがあります。もともと、保険会社には保険金請求を勧奨するという概念が希薄であったため、保険金請求がないかぎりは支払わないという背景があるのです。

もっと酷いのが、新契約至上主義の中、保険契約獲得のためには、病歴を告知しなくてもいいと生保営業マンや保険代理店に示唆されたことによる「告知義務違反」があったとしての不払いもありました。結果、契約者（被保険者）への注意喚起や重要事項説明の義務化と、契約意向確認などのコンプライアンス（法令順守）違反の取り締まり強化が行われていきました。

しかし、このことは、契約手続で契約者（被保険者）が署名や記名捺印したことにより「重要事項や約款などの条文」を理解しましたということになります。契約者（被保険者）が、のちに保険会社に対して何か申し立てをしても、「契約時に署名や記名捺印をされたのだから…」と、契約者（被保険者）の自己責任となるのです。

しかし、保険代理店から保険を買う場合であれば、対面での説明があるので納得して署名や記名捺印ができる可能性が高く、通販やインターネット販売よりは、少し安心できると思われます。

保険契約をするのに時間を惜しんではだめ…大変なことになるかも⁉

通販やインターネット販売だと、契約者（被保険者）自身が理解して契約締結をしなければならないので、当然ながら１００％自己責任となるので、注意が必要となります。

さて、保険会社の不払い発覚から11年あまり経ちましたが、保険業界の現状はどうでしょうか？保険会社は、今までの保険代理店のチャネル「対面型」のビジネスモデルが大きく揺らいでいます。保険会社は、今までのビジネスモデルから「非対面型」へのビジネスモデルへの転換を図っているのです。

インターネットの保険料比較サイトや、「非対面型」のネットチャネルのビジネスモデルのネット保険会社などから、消費者は保険料とサービスについての情報や知識をもつようになりました。

保険会社は、今までの単一チャネルモデルからマルチチャネルモデルへのシフトができるかが、保険業界での厳しい競争に勝ち抜くためのカギの一つとなっていると言えます。

しかし、保険会社が、このマルチチャネルのビジネスモデルにシフトすることは、対面型のビジネスモデルの保険代理店の関係構築が壊れることにも繋がる恐れがあります。

一方で、元来から構築してきた大きなマーケットや浸透したブランド力や体力において優位性がある保険会社の進出は、マーケットシェアがまだまだ少ないネット保険会社にとって脅威となります。また、ライフネット生命保険会社は、ネット以外の販路としてネットと同じ保険料での、平成25年（２０１３年銀行窓口販売を始め、平成26年12月（２０１４年）には、保険の窓口グループと保険代理店委託契約を締結しています。つまり、マルチチャネルモデルへのシフト、脱ネット化がスタートしました。

4　平成22年の保険法改正で誰でも売れる時代へ

保険資格さえあれば誰でも売れる

東京海上日動火災保険の○○支社長が、私に言いました。

「今までミスが多かったのは保険代理店のスキルの問題だと考えていましたが、どうもそれだけではないことが判りました。例を一つ挙げると、一時払い、一般分割の12分割10回払い（A方式、B方式）、11回払い、12回払いの口座振替や、直接集金、そして、大口分割などなど…保険料の支払方法はたくさんありました。これを保険代理店はよく間違うのですが、何と弊社の社員も間違うのです。社員が間違うくらいだから保険代理店も間違うのは当然なことですので、その数を減らしてシンプルにしました」と…。

さらに、○○支社長は続けます。「誰でも（どんな保険代理店）でも売れるように開発したのが、超保険や超ビジネス保険でした。リスクの漏れがあったら大変なことになりますから、それを未然に防ぐためにね。でも、これを売ってもらっていたら安心です。そして、特に超保険には物凄いお金を投じていますので、他社は追随できないでしょうね」と。

未払いや不払いの問題発覚以降、保険契約者（被保険者）にわかりやすく、誤解を与えないように保険代理店には徹底されました。保険は本来難しいものなのですが、それを理解できるように保険代理店を指導教育するのではなく、すべての保険代理店が販売可能なように変更したのです。

例えば、火災保険は昔からトラブルの絶えない保険の一つでした。私が損害保険鑑定人をしていた頃、オフィスには各損害保険会社の承認請求書（現、保険内容変更届書）が常備されていました。

その理由は、火災現場に赴いたときに、保険契約者（被保険者）に捺印（現在は、個人なら署名、法人は捺印）してもらうのです。理由は、建物の延べ床面積、専有面積、建物構造、所在地などが違うことがあるからです。自動車事故の免責証書もありましたが、私が在籍していた後半にはこのような習慣はなくなりました。

保険契約方法の簡素化された保険商品が主流になった弊害

火災事故が発生すると契約している保険金額通り保険がでないことが多かったのです。保険用語で、超過保険（Over Value）、一部保険（Under Value）、ピッタシなのが全部保険（Full Value）といいますが、建物の値打ち（保険価額）より保険金額が多いとか、少ないとか、建物構造を間違うとか、面積が違うとかが多かったのです。

そこで、損害保険会社は、建物構造は、耐火か、非耐火だけの区分とし、あとは法令準耐火か否かを確認して公的資料を提出してもらうだけで火災保険契約をできるようにしたのです。今まで一番トラブルになっていた「時価保険」を廃止しましたが、一部の損害保険会社では、工場などの特殊な物件では「時価額」で保険契約ができます。

建物や機械設備の価額を算出しなくても、いくらまで支払いしますという支払限度額方式がとられました。建物や機械設備を新しく調達しようとしたら1億円かかるとしたら、例えば、5000万円とか金額を設定して実損が支払いできるようにした保険契約なのです。これで保険金額が多いとか、少ないとかという問題は解消されました。

住宅なんかでも、全焼したら建て替えないという契約者並びに被保険者の意向があっても、でも建て替える保険条件でしか契約できなくなりました。モラルリスクを嫌がる保険会社もやむなしということでしょうか？

5　販売マニュアルは保険約款よりも大事

保険をいかにして売るかということしか頭にない保険会社

まれに、「新しい商品ができましたので、売ってください」と保険会社社員が訪ねてきて、新商品の説明を聞くことがあります。

聞くと、以前はこうだったが、新商品では改善されてよくなりましたとか、契約者からの売上高などのエビデンス（根拠となる書類）は必要なく、申告制になって契約しやすくなりましたとか、従業員の皆さんから告知をいただかなくても、一括告知になって契約しやすくなりましたとか、割引が30％まで適用することが可能になりましたとか、新規の契約者に2年目以降はダメですが、1年目だけは20％の割引きをすることができます。あるいは、元々は「三大疾病」になったらそれ以降の保険料が免除される（ただで契約を継続できる）という通称「P免特約」の対象となる病気の種類が生保業界で一番になりましたとか…。

契約上の利便性とかのメリットばかりの説明に終始することが多いのです。

したがって、具体的な保険金の支払いなどや約款の解釈などについては、即答しない保険会社社員が多くなりました。回答がその場であっても、確信をもった保険会社社員の言葉で言わずに「……のように聞いております」とかとなりますし、「本社に確認します」と言ったきり、回答がないままになってしまうことも多いのです。

保険が出る、出ないは紙一重……

例えば、塗装工事において、塗料の飛散・拡散は各保険損害保険の対応は一律ではありませんが、一定の制限を設けております。一般的には次のとおりです。

塗料が飛散・拡散しないように、事前に「飛散防止対策等の損害発生の予防に必要な措置を取らずに行われた作業の中の塗料の飛散等による事故」は、保険金の支払対象となっていません。したがって、飛散防止対策を敷いていた中での「風」による場合や、「塗装用容器や作業用具を足場などから落下させてしまった」場合や、「壁に刷毛で塗装をすることや、スプレーで塗った場合」などに塗料を巻き散らした場合などは、保険金の支払対象となります。

ただし、飛散・拡散させた場合には、サブリミットの１００万円までしか支払わない損害保険会社が多いので注意が必要です。例えば、メインの賠償責任額を（対人・対物）１億円で契約していた場合にこの１億をシングルリミットといいます。また、保険金をお支払いできますという損害保険会社でも、保険種類により、塗料の飛散・拡散については一切の保険金を支払わないので注意が必要です。

ここで、「飛散・拡散の場合」と、「塗装用容器や作業用具を足場などから落下させてしまったなどの場合」では、その損害が保険金の支払対象となるとき、その事故の状況により、サブリミットの100万円までか、それとも、シングルリミットの1億円までの保険金の支払いに別れてしまいます。まさに雲泥の差になります。

「この境目はどこまでですか?」と営業社員に質問しても時間がかかるだけなので、直接損害査定社員に何度も問い合わせましたが、6年以上も経った今、その損害査定社員から回答がありません。損害保険は、そのときその地の時価額を限度に、損害額をお支払いする保険が基本となっています。損害が発生してから、損害の状態やその範囲などを確認した上で、その損害に減価償却や新旧交換控除を考慮した金銭を支払います。

したがって、事前にすべてを決められるわけではありません。だからこそ、保険は当然ですが、保険契約した事後に発生した損害に対してあれこれ対応するものなので、安直に保険契約をすると、取り返しがつかなくなります。

話を元に戻しますと、保険金の支払いを担当する査定社員とは、約款や社内規定などの解釈などで喧々諤々とやることはありますが、営業社員とはゼロとは言いませんが皆無に等しいです。なぜなら、営業社員本人が約款を読む機会がないと言い切ることが多いので、話したくても話せないことになるのです。もし、問合せをしても即答は殆どなく、本社か査定部門に確認してからの回答となることが多いのです。

保険代理店は、約款や引受規定、支払規定をしっかりと読み込んで販売しないといけませんし、しっかりと読み込んでいない保険代理店から保険を買うと、事故が発生してから大変な事態になることがありますのでその見極めが肝要です。事後のことに通暁している保険代理店から保険を買われることをおすすめします。

皆さんがしつこく保険代理店が嫌がるくらい訊くことが一番です。

6　どんどん売り手側にやさしくつくられる保険商品

速やかな普及には保険商品の簡素化が欠かせない

平成7年（１９９５年）７月に日本版ＰＬ法が施行されました。当時、ＰＬ保険は一部の保険代理店だけが販売しているだけで、広く保険代理店が販売していなかったのです。そこで、日本版ＰＬ法が施行されるので、広くＰＬ保険を普及させることが必要となりました。

そこで、リーディングカンパニーの東京海上火災保険（現、東京海上日動火災保険）が音頭を取って、損害保険業界で統一した保険商品の「中小企業ＰＬ保険」を開発しました。

この保険商品には、商工会議所、全国商工会連合会、全国中小企業団体中央会の会員企業が超格安で契約できるわけです。業種は製造業だけでなく、販売業、飲食店、工事業など幅広い企業が利用することができます。安さが魅力といえます。

そして、平成19年（２００７年）５月の改正消費生活製品安全法に対応する形で「リコール費用特約」が中小企業ＰＬ保険に新設されましたが、これがまた超格安なのです。この中小企業ＰＬ保険は、売上高と業種を確認するだけで誰でも簡単に契約手続をすることができ、個別設計ができるわけではないので、余分なことを考えずに保険ありきで契約ができます。

この保険は募集をしていない商工会議所の保険代理店が取りまとめる方式を取っています。そのため保険制度を開発した東京海上日動火災保険と、商工会議所の保険代理店は、募集代理店から、それぞれ10％の保険料とその応分の手数料を、幹事保険会社、幹事保険代理店としてシェアしています。

企業が火災や台風などの風災などで罹災したことで、工場などが操業できなくなったりして減産することとなったり、外注先が罹災して発注していた部品等の納品が滞るなどして、利益を喪失したり、赤字経常費を払う事態に陥ることがあります。このようなときに備える保険として、「企業費用利益保険＋構外利益保険」や「営業継続費用保険＋構外営業継続費用保険」があります。しかし、損害保険会社ではあまり販売されていません。

東京海上日動火災保険から独立開業した保険代理店に、決算書から利益率や経常費や非経常費などを割り出して、「企業費用利益総合保険」などをクライアント企業に案内をしたり、保険を手配したことがあるかと尋ねたら、「全くありません。研修や勉強会も全くありませんでした」と言うのです。

50億円以下の企業に対して東京海上日動火災保険は、超ビジネス保険という保険商品を用意しているのです。この保険だと、売上高を確認して１日当たりの粗利益を設定して計算は超簡単にできてしまいます。

このように保険代理店が売りやすいように保険商品は考えてつくられていて、保険代理店は販売先を開拓したら、このような保険商品を販売するだけでいいようにしているのです。

7　リスクマネジメントが保険の販売に生かされていない

保険商品ありきの営業が今でも主流

大手保険代理店に勤務していた25年くらいの前の話ですが、リスクマネジメント手法に基づいた仕事をしていたら、保険会社社員から、「保険は売ってなんぼ！　だから、リスクマネジメントなんかやっても無駄…」だと言われたことがありました。しかし、景気が悪くなり保険の売れ行きも悪くなってくると、一転して、「リスクマネジメント」を言いだしてきて、営業に取り入れるようになってきました。

リスクを分析してリスクマップをつくったり、企業が安全になっていただくためのことを一生懸命に考えるようになりましたが、最終的には保険の商品売りをしていることが多いのです。

もちろん、リスクマネジメント手法に基づく保険設計をして、頑張っている保険会社社員や保険代理店はいますが、まだまだ、多くの営業現場では、保険ありきの営業が今も繰り返し行われているのです。

とりわけ、企業については、しっかりとしたリスクマネジメント手法に基づいて、机上だけではなく現場に赴き、リスクの洗い出し、測定、リスクの評価、リスク処理の選択、実施、見直しを繰り返し行えば、さまざまなリスクを包括的にカバーするために必要な多種目の保険の手配も容易にできるようになり、その分だけ少しでも、安心安全になっていただくための一つの支えになります。

保険代理店が企業や個人に、複数の保険種類の保険商品を販売することを多種目販売と言い、その件数の平均値を多種目販売率といっています。その実態は、損害保険会社に訊くと、2種目には遠く及ばずに、「1・1～1・2種目ほど」で精々「1・3種目ほど」なんだそうです。このことが示すように、さまざまなリスクを包括的に網羅する保険を販売できていないのです。

これを解消するために損害保険会社は、予めさまざまなリスクを組み込んだパッケージ保険を用意するのです。そのためにも、開発されたのが、東京海上日動火災保険会社の「超保険」や「超ビジネス保険」なのです。

特に顧客獲得したら離さないという勢いの自動更新型の「超保険」は、戦略的な保険商品で、この保険商品の中に自動車、火災、傷害、所得補償、生命保険などのさまざまな保険種目を選択して契約することができるのです。しかも、最初の1種目だけでも「超保険」に契約できるので、近い将来の多種目販売を見据えて、自動車一台だけでも、この「超保険」を契約することができるのです。まず、「超保険」のフレームの中に入れて、多種目販売にじっくりと取り組んでいく…ということなのでしょう。

因みに、複数の保険種目を「超保険」で契約しますと、「超保険」という保険種目の単種目になるのです。東京海上日動火災保険の社員の説明によりますと、例外として「多種目販売」としてカウントしているということでした。

私が保険手配している企業様の取締役が、超保険の自動車保険を契約されていたのですが、満期日より私にオファーをいただき、旧損害保険ジャパン（現、損害保険ジャパン日本興亜）の自動車保険をお手配したことが、５年ほど前にありました。

後日、旧損害保険ジャパンから電話があり、東京海上日動火災保険の社員が、「重複しているのでこちらの契約を解約してくれ」と言われてきたというのです。原因は、契約者が継続しない旨を保険代理店に意志表示していなっかたということで、自動更新されてしまったのです。

たまたま元の保険代理店の東京海上日動火災保険の担当社員と、私の同社の担当社員とが同じ営業社員だったので、契約者との意思確認が取れているので、自動更新されてしまった東京海上日動の契約を取り消しするように直接交渉しました。

しかし、その担当者は、「弊社としては、規定とおりやっていることなので取り消しをしない」と頑なな態度でした。交渉は難航しましたが、最終的には、「元の代理店が契約者に継続する意思の確認を徹底していなかった」ということで、落ち着き、弊社の手配した自動車保険はこのままということになりました。

営業現場でミスが起きても安心するためには何でもあり

このような自動更新は、ほとんどの保険会社についています。普通の自動車保険の更新手続を失念する保険代理店があり、保険が満期日を超えて更新されないまま保険が切れてしまったということが起こりました。それで、損害保険会社はこのような不手際を未然に防ぐために「うっかり自動更新サービス（呼称は、各社により違います）」という機能を付けたのです。

保険代理店の不手際により損害保険会社が責任を取るわけにいきませんので、保険代理店の適性を高めるよりも、退場してもらうよりも、優先したことは、「保険代理店が更新手続案内を忘れて満期が過ぎてしまって事故があっても大丈夫なようにすること」だったのです。保険契約者に自動車保険の満期案内を失念して放置するような保険代理店が存在しなければ、このよう特約（機能）も無用の長物だったのです。

話は横道に逸れますが、複数の保険種目の保険契約をいただいた場合、保険証券が作成されるタイミングがバラバラになるので、一旦、保険証券を損害保険会社より発送してもらった保険代理店は、それらを纏めてクライアント企業に渡していましたので好評でした。ところが、今度はこの保険証券を渡さない、あるいは、失くしてしまった保険代理店が現れたのです。

そこで、損害保険会社は、契約者からのクレームを未然に防ぐために、保険証券は保険契約者に直送しかしなくなりました。損害保険会社は、保険証券を纏めて発送するという発想は持ち合わせていませんので、今でもバラバラに発送しています。

もし、保険代理店がちゃんとＰＬ保険を販売していたら、中小企業ＰＬ保険もできなかったかもしれませんし、労災保険をちゃんと販売していたら、商工会議所向け等の団体業務災害保険はできなかったかもしれませんし、多種目販売をしていたら、超保険はできなかったかもしれません。

8　S（エス）が命

サム・インシュアードって何？


「S」って何だと思われますか？　死亡保険金の「S」って思われた皆さんはいませんか？

実は、私も業界に入った30数年前にそのようにいわれたので、「そうなんだ～」と、軽く思ってしまっていて、それ以降何も考えることはなかったのですが、この度、本を出版する機会に恵まれて執筆していたら、ふと疑問を抱きました。

今まで、カタカナ生保や外資系生保のセイホプロの皆さんではなく、飴ちゃん持って、ＧＮＰ（義理人情プレゼント）が主流の時代をアナログ営業されてきた、いわゆる「セイホのおばさん」のイメージからすると違和感を抱かなかったのです。保険は英語表記が多いので、「S」が日本語の頭文字はおかしいのと違う気がしてきましたので、調べてみたら判明しました。それは、サム・インシュアード（Sum Insured）の「S」でした。

一般社団法人生命保険協会の「2015年版　生命保険の動向」によりますと、平成26年度末の個人保険の保有契約高（死亡保障など主要保障）が857兆円なり、25年と同水準で推移しました。

保有契約高は、20年前の平成8年の1495兆円をピークに減少を続けています。また、保有契約件数は1億5173件と8年連続で増加をしています。このことから、高額の死亡ニーズが低くなって、医療やがん保険の第三分野のニーズが高まってきているといえそうです。

このように、契約高が減少して、平成18年度以降、集計を開始した年換算保険料は、堅調に増加しています。医療やがん保険の第三分野の契約高が小さい保険商品が増えている中、契約高を補完する指標として位置づけられています。この保有契約の年換算保険料は、契約期間中に平均して保険料が支払われると仮定した場合の1年間の保険料のことをいいます。平成26年度末の年換算保険料は、25・2兆円（このうち、第三分野は5・7兆円）であります。

今、何度もでてきた契約高のことを「S」と生命保険業界で略していっています。

この「S」が営業や成績の指標にしている生命保険会社は、日本生命、第一生命、住友生命などの「漢字生命」に多いのです。

この「S」を多く獲得することを目指して日々営業をしており、獲得した「S」に掛け目を乗じて算出した数字が、生命保険を募集した生保営業マンの皆さんの給料に反映します。カタカナ生保や外資系生保では、保険料に掛け目を乗じて算出した数字が、生命保険を募集したセイホの皆さんの給料に反映します。

「Ｓ」の漢字生保は、「保険料」を獲得するのではなく、「Ｓ」を獲得するべく営業活動をしているのです。死亡保険等が高ければ高いほど、生保営業マンの成績に高く評価されます。

例えば、積立になっている終身保険や養老保険と、掛捨てになって１円も戻ってこない保険期間10年の定期保険を比べた場合で、「Ｓ」が高いのは、保険期間10年の定期保険となりますが、保険料は、同じ死亡保険金なら定期保険のほうが安くなります。しかし、保険料が安くて「Ｓ」の高い定期保険のほうが生保営業マンの懐具合は暖かくなります。

Ｌ字型保険は今も健在

今でも販売されている「Ｌ字型保険」という保険商品はベースに終身保険（終身払い）を薄くして、その上に保険期間10年の定期保険特約を載せて、災害保障特約を付帯します。

例えば、終身１００万円＋平準定期保険（４９００万円）＝普通死亡保険金が５０００万円となります。さらに災害補償特約を５０００万円付帯します。そうすると、普通死亡保険金５０００万円＋災害死亡保険金＝１億円という保険商品が出来上がります。

もし、終身部分を厚く保障して定期保険特約を薄くすると、終身部分の保障を厚くした分だけのその割合だけ解約返戻金が増えますので、「Ｓ」が低くなり、生保営業マンの懐具合は薄くなるのです。ですから、「はじめに提示された保険プランＡの保険料では、払い続けるのがシンドイので、同じ死亡保険金で、なおかつ、保険料が安い保険プランBで契約したいと思うけど、ごめんね！」なんて、生保営業マンに言われたことがある方がいらっしゃるかと思いますが、逆にプランBのほうが成績もよくなり給料もあがるのです。

9　278万円しか支払っていない生命保険会社

死んだときには死亡保険金がないか、小さくなっている現実

多くの皆さんが契約している生命保険の死亡保障は、数千万円というのが一般的なので驚かれたことと思いますが、これは事実なのです。

２０１５年版生命保険の動向（一般社団法人生命保険協会）によりますと、平成26年度の生命保険の死亡保険金と件数は、対前年比それぞれ2・9％、1・3％と増加しました。総額にすると、死亡保険金が、2兆8124億円で、件数が101万件となっており、その1件あたりの平均が、たったの278万円なのです。これは、皆さんが生きているときの死亡保険金は数千万円であっても、死んだときにはごく僅かになっていることの証左なのです。このような保険商品は、定期付き終身保険が代表的で通称「L字型保険」と呼んでいます。

また、そういうことが発生しない保険、例えば、死ぬまで死亡保険金が減額されない終身保険や90歳〜100歳くらいまで死亡保険金が減額されない定期保険だとこういうことはないのですが、

この類いの保険商品は保険料が高くなります。

その結果、払い続けることを諦めて途中で保険契約を解約するか、あるいは、払い続けることが困難になって保険契約が失効・解除になってしまうリスクを抱えます。

もともと、30数年以上に及ぶ生命保険を常に有効な状態で維持しながら、保険料の支払満了日まで払い続けることができなくなった保険契約者や、終身払いでの保険契約で一生涯にわたり払い続けられなくなってしまう保険契約者は結構多いのです。

10　人は簡単には死なない

生命保険会社は絶対に損しない

日本の生命表として厚生労働省では、５年ごとに作成・公表される「完全生命表」と、毎年作成・公表される「簡易生命表」があります。前者は、国勢調査による日本人人口（確定数）や人口動態統計（確定数）による死亡数、出生数に基づいています。後者は、人口推計などによる日本人人口や人口動態統計月報年計（概数）による死亡数、出生数を基づいています。この２つの生命表を「国民生命表」と言います。

これに対して生命保険会社が使う生命表は、経験表となる経験生命表です。保険事業を行っている生命保険会社などが被保険者の集団について実際に経験した死亡統計に基づいて作成されたものです。それで実際の生命保険の計算に使用されている生命表は、この経験表の一つである「生保標準生命表１９９６（死亡保険用）」です。

これは、社団法人日本アクチュアリー会が死亡率（予定死亡率）などを基に計算されます。この生命表は生命保険の被保険者の死亡統計を基に作成されていますので、日本国民を対象にした厚生労働省の「簡易生命表」とは数値が異なります。

生命保険会社は、この「生保標準生命表１９９６」をそのまま使うのではありません。天然・自然の平均値を使うと、確率1で必ずロスが出るので、それを避けるためと、長期にわたる生命保険事業には事業の継続について安全であることが求められるために、さらに安全割増を行っていますので契約者にとって割高になります。

生き死に…この差額が生命保険会社の大切な収益源？

例えば、平成26年簡易保険表と、生保標準生命表２００７を比較してみます。

30歳男性では前者は、０・６５‰で、10万人に対して1年間に65人が死亡します。後者は０・８６‰で同じく86人が死亡します。60歳では前者が７０３人、後者が８３４人、90歳では前者が1万５２６７人、後者が1万７９００人となります。生命保険会社の死亡率は高くなっているわけです。この生保標準生命表を基に性別、年齢別に計算し、予定死亡率、予定利率、予定事業率を合理的に計算して保険料を決めているので、仮に死亡率が変化すると保険料を改訂することになるのです。このため、生命保険会社には、死亡などの発生確率と比較して実際に支払額が少なくなったときに得られるのを、「死差益」と、契約者がお支払いした保険料の運用が、予定していた利率よりも高い利回りを確保できた場合に得られるのを「利差益」と、事業費として予定していたコストより抑えることができたときに得られるのを「費差益」といいます。

これら３つの収益源のうち圧倒的に多いのがこの「死差益」です。厚生労働省と生命保険会社が使っている生命表の違いからくるものですが、生命保険会社は契約時に「告知や診査」を通して加入条件を絞って一定の健康体被保険者を厳選していることがこの差益を生むのです。

人は簡単には死にませんので、生命保険には「期間限定」で契約することが肝要です。単純に「死亡リスク」ということだけなら前期、後期高齢者にまでなっても継続して契約を続ける必要はないのです。

ただし、生命保険には相続対策などに活用できたり、ファイナンスという機能がありますので、この分野において生命保険は利用する価値があります。特に法人には必要不可欠です。

11　保険はギャンブルでも宝くじでもなく投資だ

保険は誰から買うかというのが一番大切

保険は、企業や個人にとって必要不可欠なものになっています。しかし、保険金の不払い・未払いの問題もありましたし、保険金詐欺による事件や事故も絶えることなく何度もあります。また、生命保険の変額保険での問題や事件もたくさんありましたように、保険が健全・適正に普及してきたかというと、残念ながら健全・適正とはいえませんでした。

少子高齢化が急激に進んでいる日本が直面する２０２５年問題まであと8年あまりとなりましたが、そんな中、3年前に「保険の窓口グループ」の脱税問題に端を発して、「委託型募集人」を使った保険販売のモラルが問われることに発展しました。保険募集の基本的なルールを変更したかつてない大きな変化となった改正保険業法が、平成28年5月29日（２０１６年）に施行された今後は、生命保険、損害保険会社や生保営業マンと保険代理店の全保険募集人にとって、生き残りをかけた競争に拍車をかけ、厳しい時代に突入しました。

さて、その必要不可欠な生命保険や損害保険について、どこの保険会社の保険が良いとか悪いとか、保険は要らないとか、損するとか、保険金の支払問題とか、トップセールスマンになった人のセールスノウハウだとか…など、もの凄くたくさんの本が出版されていますし、本書もそのうちの一冊ということになります。

保険関係の本で多いのが、「保険を売り続けるにはどうしたらいいか？」、「具体的に各保険会社の保険商品を細かく比較して、そのメリット・デメリットはなにか？」、「保険はギャンブルだ！宝くじ！　だから損をするとか？」、「保険に入るのはバカだとか？」…というのが私の目に映ります。私は、「保険」に入ることが基底にあるというか前提として、よりわかりやすくするために、要る・

要らないとか、損する・得するとか、有利・不利とか…、いう話に二極化にさせていることが多い気がします。しかし、保険はそんな単純ではないと考えています。

もともと保険は不合理なもの…価値観により選択は変わる

皆さんは、持ち家派ですか？　それとも賃貸派？　という質問にどちらを答えられますか？

さまざまな意見や想いがあると思いますし、どちらにも、メリットやデメリットがそれぞれにあります。保険でいいますと、積立保険派か、掛捨て派という二者択一に似ているかと思います。積立型の保険商品でも、保険料が満額戻らないタイプもありますし、保険を使わずに満期や払い込み満了を迎えたら、満額戻るタイプもあります。

しかし、保険料は、掛捨て型保険商品よりかなり高く設定されていますので、合理的・効率的かという基準で考えると、決して、合理的でも効率的でもありません。そして、どちらの保険商品を契約するのが正しいか？　ということは、保険を販売する側が決めるべきことではないのです。

もちろん、コストパフォーマンスやそれらの保険のメリットやデメリットを理解した上で、それでも積立型保険商品を選択されるなら何の問題もありません。

もし、掛捨て型保険商品よりも、保険内容やリスクカバーレッジにおいて、積立型保険商品が劣っていたなら掛捨て型保険商品に即するべきですが、同じなら、積立型保険商品を選択することは契約者の価値観の問題です。契約者が満足・納得することが一番なのです。

保険は夢や目標を叶えるための必要投資！

保険とは企業や個人の成長・発展の裏支えをし、夢や目標を叶えるための投資という機能と、もう一つ大事な機能があります。それは、契約者が法人である場合に、その期に大きな損失が発生しても、それを保険により損失カバーされて、決算上は何もなかったが如く通過させることが保険により可能になることなのです。

したがいまして、保険を使わなくても決算に影響を与えない大きさの損失に対しては、保険を買わない（契約しない）ほうがいいというよりも、買う（契約する）必要性がないのです。しかし、残念ながら、頻繁に発生しても大きな損失に至らないリスクにニーズがあります。かたや、ひとたび発生したら企業の存続に関わるような大きな損失に発展するリスクにはニーズは少なくなります。

これは、保険契約を検討する際に、事故や災害が発生する可能性が少ないと考えたうえで、もし保険契約をして事故も災害も起きなかったら保険料を損することになるので、二の足を踏んでしまうのです。繰り返しますが、保険は、企業や個人の成長・発展の裏支えをし、夢や目標を叶えるための投資です。決して、ギャンブルでも、宝くじでもありません。

話はややこしくなるのですが、保険はギャンブルや宝くじと同じといえば同じなのです。一体どっちなの？　と皆さんに思わせてしまったことと思いますので、今からお話しします。

保険も、ギャンブルも、宝くじも、皆さんから集めたお金のうち利益や経費を保険会社や主催者（胴元）や自治体の手元に残してその差額分を分配します。保険なら事故や災害に遭って「保険金をもらう」、競馬、競艇などなら「賞金」、宝くじなら「当選」するといった皆さんが抱く『期待値』は裏切られ、皆さんが支払ったお金（保険料やチケットなどの購入資金）は下回ります。このような面において、三者ともすべて「確率という原理」で説明できると言うことでは同じなのです。

宝くじは、「当たれば…」ということに期待を寄せて、1億円、3億円の夢を買うものでしょうし、馬券なんかも、「万馬券」という夢を追っているのかもしれません。

しかし、保険はどうなのでしょうか？

宝くじに当たることと保険金の支払いは同列ではない！

保険関係の著書には、「医療保険は、ギャンブルより不利な賭け？」だとか、「がん保険は宝くじより不利？」だとか、「保険というギャンブルに勝つ確率」だとか、「保険というギャンブルは勝ちにくい」などということについて述べられているものがあります。

保険金を支払ってもらうことは、宝くじに当選することを同列ではないはずです。その保険を契約することが必要なのか？　それとも必要でないのか？　結果、必要なら保険料というコストはできる限り安いことに越したことはありません。

国立がん保険センターの現在年齢別がん罹患リスクでの「罹患率」から導く「見込み給付額」を「支払総保険料」で除した「還元率」が悪くても、中小企業の社長や個人の成長・発展をしていくための裏支えとして、夢や目標を追っかけ続けるために、ここではがん保険について触れましたが、医療保険、生命保険、火災保険、賠償責任保険、自動車保険など…が必要なのです。

リスクがロスに転ずる確率がゼロもしくは低い状況でない限り…仮に、今まではゼロか低い状況であっても、それは今日までのことでこれから先には高くなるのか？　それとも、完全にゼロになるのか？　これから将来のことはわかりません。

だからこそ、万一の事故や災害で法人でも個人でも資金を新たに調達できなければ、ジエンドとなることがあります。夢や目標を追い掛けることを諦めたくなければ、人類の考えた英知の「保険」という機能を上手く利用することに限ります。保険での資金確保ができなければ、マイナスからのスタートですが、保険があれば、ゼロからのスタートとなります。

阪神淡路大地震のときにつくづく思い知らされました。富裕層は、貧困層よりも立ち直るまでスピードが違うということです。富裕層でなくても「地震保険」を契約していたご家庭や企業では、速く立ち直られていました。そのためにも、保険は保険会社からではなく、生保営業マンや保険代理店から買われることをおすすめします。もちろん、皆さんのお力になってくれる生保営業マンや保険代理店を、しっかりと選別するということは言うまでもありません。

ただ、保険は契約しだしたらものすごくありますので、きりがありません。無理のない計画をもって保険料をお支払いただき、保険内容も時々確認してください。そして、保険代理店にしつこいくらい聞いていただき、より良い保険にシフトしていってください。

第2章　聞き上手は契約上手

1　聞き上手なんですね

営業成績の向上…聞き上手

何年か前の「保険の窓口」のテレビＣＭで、お客様の女性が、「私ばかり話しちゃいました。聞き上手なんですね？」と持ち上げ、営業担当者は、「はい」と頷いているシーンがありました。現実の営業現場で、このテレビＣＭのようなことがあったら、営業担当者は訓練された「聞き上手」なのだろうと思われてなりません。そのように本当に聞き上手な営業担当者なら、「聞き上手なんですね？」とお客様に言われて「はい」と頷き、自分を「聞き上手」と認めることはないだろうと思います。

私も長く営業の現場で働いていますが、一度も「聞き上手なんですね？」と言われたことがありませんが、それでも、たくさんのお客様に恵まれてきました。

よく保険は目に見えない商品だから、難しい仕事だといわれますが、逆に形のある見える商品より、私は目に見えない形のない保険だからこそ、売りやすいのだと思います。言葉は悪いですが、何とでもできたり、あやふやにしたり、ごまかしたりしやすいのです。現に、保険会社の不払いや未払いの問題もそうですし、聞いた、否、聞いていないというトラブルは保険には特に多いのです。

保険は俗人性の高い仕事といわれますが、それは、人と人の繋がりの上に成り立っているからです。最初の一歩は、保険会社との繋がりではなく、生保営業マンや保険代理店の中の「一保険募集人」との個別な繋がりからスタートすることが多いからです。

だからこそ、「話し上手」では保険契約をいただきにくいので、保険契約をたくさんいただくために有効だから「聞き上手」に徹しているだけなのかもしれません。なのに、接し方がソフトで、セールストークが目立たなかったり、押しつけがましいところがないと、「これが保険のプロなんだ」と好印象を抱いてしまう危うさがあります。

営業活動のゴールは契約ではなく紹介だ？

『おかげさまで、ご紹介で営業しています。』（すばる舎）の著者、鎌田聖一郎さんは、ご本の中でこのように述べられています。

『以前、私のコンサルティングを受けたお客様に笑いながら次のように言われたことがあります。

「１回目のコンサルティングでこちらが契約すると言っているのに、鎌田さんがまだダメですと言って契約させてくれなかったので、お客になかなか、契約させてくれない営業マンなんているんだ！　と驚きました。でも、おかげでより満足できたから不思議でした」

この言葉の通り、通常、私はお客様に４、５回コンサルティングをします。

保険業界向けの講演でも次のように言われることがあります。

「鎌田さんはなんでそんなにコンサルティングに時間をかけているのですか？　私なんか１、２回でお客様にご契約をいただいていますよ」（中略）お客様に4、5回もお会いするのは、私の営業活動のゴールが契約ではなく、紹介だからです』

難しい保険の良し悪しなどの判断基準は、人は保険のプロに丸投げしたくなるようになってしまう可能性がありますので、しっかりとした判断基準ができるまで、何度も何度も確認してください。

2　営業活動のゴールはどこなのでしょうか

営業活動のゴールは保険金を支払うとき

鎌田聖一郎さんは、営業活動のゴールは、「紹介」だと述べられていますが、生命保険や損害保険の使命は、契約条件、つまり、「約束した通り」に保険金を支払うことにあります。

生命保険では、特に漢字生保では、保険の営業の最前線で契約に専念させておいて、保険金をお支払いすることとは分離されています。

しかし、損害保険の営業部門と損害査定部門は、生命保険会社のように分離されていますが、保険営業の最前線での業務を担う保険代理店はそうではありません。保険代理店の規模が大きくなってくると、保険代理店の中に事故処理専門の担当者を敷くことがありますが、難しいようです。

保険会社では、営業と損害査定に分離させないと業務を遂行することはできませんが、保険代理店は、「保険の現場」での業務を、一から十まで手掛けるほうがスキルを向上させやすいのです。

漢字生保が「保険の現場」では営業に特化させているのと比べて、合理的でも効率的でもありません。しかし、事故や災害の現場を知り、その対応をすることなどで経験を積み重ねることができます。そのことで、新たな気づきや矛盾点や疑問点がわかったりもしますし、必然的に約款や支払規定にも触れますので、その経験値を営業に活かすことができます。

インターネットを通じて、保険代理店から保険を買うより安い保険料で、24時間いつでも皆さんの都合のいい時間に簡単に保険契約ができる便利な世の中になりましたが、皆さんが心配になったリスクがちゃんと保険カバーされているか、契約する前に確認してください。

3　「どんな保険がいい？」と絶対に聞いてはダメな理由

保険会社には売りたくない保険商品がある

生保営業マンや保険代理店とのやりとりの中で、「今売れている保険はなんですか？　どんな保険がおすすめですか？　どんな保険が流行っていますか？」などと聞いたことはありませんか？　話し始めやすくなった生保営業マンや保険代理店が、その保険商品の内容をすぐに説明をし始めて（パンフレットを持っていたら、さっと出して）、気づかないうちに彼らのペースに乗せられてしまったことを経験されたことはありませんか？

保険会社は、「売ってほしい保険商品」を集中的に研修などで教育しています。そして、保険キャンペーンなどで、生保営業マンや保険代理店に販売競争させるなどして、保険契約の獲得に邁進させています。勉強していることは、その保険商品の優位性や利便性や簡便性などの特長を覚えたり、契約を獲得するためには、しかも早くするにはどうしたらいいか！　ばかり意識していることが多いのです。

一般的に、セールスの世界で消費者に対して、「説き伏せたり、強く押し過ぎたり」のタイプの営業だと、上手くいくこともありますが、長続きしません。セールスの世界で長生きし好成績を維持していくためには、「消費者をその気にさせる」ための種々のノウハウやテクニックなどが必要です。

しかし、いくらノウハウやテクニックを持っていても、皆さんに出会うためのきっかけとなるネタなどの材料や、販売したい保険商品を唐突感なく、違和感もなく、切り出すのは案外難しいものなのです。

いつの間にかに保険に入っていたということがないように……

皆さんが、「今売れている保険はなんですか？　どんな保険がおすすめですか？　どんな保険が流行っていますか？」などと、聞いてしまったら、特に保険商品を販売することに関して、厳しい研修を重ねている生保営業マンの皆さんはもちろんのこと、保険代理店に対して、「塩とか水を贈る」ようなもので彼らにとっては物凄く助かるのです。

なぜなら、自分の得意な保険商品や、保険会社から強く売れといわれている保険商品なら、自分のペースでセールスに入れるからなのです。行動心理学や行動経済学などを駆使したり、保険営業に使える保険販売に有利な厚生労働省、経済産業省、金融庁などの公表数字や、生命・損害保険会社の経験値に伴うデータやアンケートの集計結果などの統計数字を使って巧みに誘導しますので、知らず知らずのうちにその気になった皆さんが保険契約をすることになってしまうことになるのです。もちろん、そうではなく保険契約に至ることがあることも付け加えさせていただきます。

もともと、人の生き死にノルマをかけたり、キャンペーンを張って保険販売を促進させる保険会社のやり方が不思議でなりません。保険を直接販売することが仕事ではない保険会社の社員たちが考えることは、キャンペーンでこれだけ契約を獲得したら、海外旅行だとか、豪華商品などのプレゼントをしたら、生保営業マンや保険代理店が保険を売るであろうということなのです。

4　人間関係の向上…聞き上手

はじめ人間ギャートルズの時代は聞き上手でなくても生きられた？

私たちの先輩である祖先の人間が、自然の木の実や動物の狩りをするなど、その日暮らしをしながら食糧を求めて移動していた生活を、一変させたのが「小麦の発見」だったのです。その小麦を自ら生産するようになって、移動の生活から解放され定住の生活へと変わったのです。そして、この小麦は、人類を爆発的に発展させ、人間の繁栄に貢献して現代に至っています。

しかし、そのために犠牲にしたことがあります。それは、放浪、狩猟生活をしていた人間が定住しだすと、快適な日常を送ることができるなどハッピーだった…のですが、それと引き換えに人間関係を維持するためなどに役割分担が必要となり、ルール（規則、法律）が生まれるなど、人間の本能とは逆に拘束・管理される社会に甘受しなければならなくなったことです。今でも、たまに遠くに行きたい…と思うことがあるかと思いますが、これは人間の本能なのです。

余談はこれくらいにしておき、このように人間の長い歴史の中で、人間関係は物凄く大切で大きなテーマであります。この人間関係を向上させるコツが、「聞き上手」になることなのです。「話し上手は、聞き上手」ということわざがありますが、聞き上手だから話し上手になるのだと思います。よく口から生まれてきたんじゃない？　と言わせるほどの人に出会いますが、この人は聞き上手でないことが多く、したがって、話し上手ではありません。

聞き上手は保険を売るためのテクニック

この聞き上手をビジネスに取り込んでも悪いことではありませんが、目的が「契約を獲得」することにありますから、どうしても無理がでるのです。その無理とは時間です。ビジネスは結果ですから誰よりも早く出す必要があるのです。60歳くらいまで1％以下の死亡率の人に対して不安を煽ったり、2人に1人が癌になる時代なんですよ！　などと不安を煽る必要があるのです。何としても、早く、効率よく、計画的に保険契約獲得のための営業活動をしなければならないのです。

消費者をその気にさせることで、消費者が選んだというふうにストーリーを立てるのです。そうすると、親切な押し売りでは絶対にダメで、聞き上手になって消費者にしゃべらせて、いいタイミングで相槌を打ちながら、売りたい商品に導いていくのです。消費者は自分が選んでいるつもりでも本当は選ばされていることがあるのです。この選ばされているというのは、どういうことかと言いますと、そこには選ぶ自由を奪われているということです。よく、健康食品とか、化粧品なんかで、「今なら1ヶ月間は無料です！」とか、「初めてのお客様には無料で差し上げます！」とか、テレビなどでやっていますね。タダでもらった消費者は、そのあと実際に買っているのだそうです。無用なセールストークなんて一切なしで、売れるのですからいうことなしですね。

このような最初の判断が人の心を拘束することを「コミットメントの原理」といいますが、自主的に買っているのではなく、既に選択の余地を失くし、それを選ばざるを得ないようにしているのです。このようなことは保険でも利用されているのです。

5　選択の余地を奪われないために

①皆さんが聞き上手になろう

営業には5つのスタイルがあります。

①消費者のニーズに関係なく、猪突猛進で商品を売ろうとする営業スタイル、②消費者にマメに情報を流したり、訪問したりして、消費者からのニーズが出てくるまで待つ営業スタイル、③消費者のニーズを見極めて、そのニーズに合ったプランの提案をしていく営業スタイル。④専門家として消費者のニーズや課題などについてよく考え、そのノウハウや助言を行いながら、解決をするためのプランを提案していく営業スタイルです。④はコンサルティング営業と呼ばれますが、今後は、⑤企業の悩みや人の心の悩み、葛藤、不安などの障害を話し合い、一緒になって共に問題解決するためのサポートができるプランを提案するカウンセリング営業スタイルが必要になってきたと思います。

本来、リスクを取り扱う保険の営業は、皆さんの身になって一緒に解決していくことと、皆さんが進むであろうと予測できるその先の道に、リスクがロスに変わる前に気づいていただけるように、「石ころみたいな目印」を置いていくことなのです。「保険ありき」で保険契約を急ぐ生保営業マンや保険代理店に対しては、逆に皆さんが聞き上手になっていくしかありません。

次にそのために皆さんがするべきことをお話しします。

②リスクコミュニケーションをしよう

リスクコミュニケーションをしましょうと言われても戸惑われることと思います。当然なことと思います。なぜなら、本来なら売り手側の生保営業マンや保険代理店がやるべきことなのです。しかし、これが案外難しくてできないことが多いからこそ意味があるのです。リスクコミュニケーションを苦手にしている生保営業マンや保険代理店なら、保険商品の話はできても、リスクコミュニケーションはハードルが高いのです。

こういうリスクは保険がでるのか？　保険がでないのなら、なぜでないのか？　こんな事故や災害が発生したが、保険で対応できるのか？　保険の具体的な支払い方はどうなのか？　などなど、日常で実際に起こったことや困ったことなどを具体的に聞いて、その対処方法などについて会話を重ねてください。そして、抱えているリスクを保険でカバーすることは、最後の最後の手段なのです。

このように、危険（Risk）や損失（Loss）なら、保険のことがわからない皆さんでも会話ができるはずです。「保険ありき」で営業をする生保営業マンや保険代理店ならついていけません。したがいまして、皆さんの「選択の余地」を奪われることはありません。保険の営業にとって、保険契約するため以外のことは苦手としていることが多いのです。

③高い保険料をわざと提示して皆さんのほうから断るカタチにされることも

これは、紹介された企業の社長がＰＬ保険について、「保険が出るとき、出ないときなど」、神経質なほどに事細かに質問され、しどろもどろになって応えられなかった保険代理店が、同席してくれた紹介者に、その企業の社屋の外に出た途端に堪えきれなくなって言ったそうです。

これは、「拒絶レート」と言って、引き受けたくないクライアント企業などに対して、わざと高い保険料を提示し、クライアント企業などのほうから契約を断ってもらうように誘導する方法です。

実は私は、その保険代理店もその紹介者ともよく知っている仲なのです。後日、その紹介者から「なんとかしてほしい」と依頼されてその社長にお会いしました。事前に聞いていたとおり、大量のご質問をいただきましたが、すべてその場で即答しました。お話の中でこの社長は、以前、保険会社の事故対応で痛い目にあったそうです。だから、疑うかのような目や表情で質問されていたのです。でも、ご安心いただいたのか？　日を改めてご訪問をして保険をご契約いただくことになりました。この保険代理店には、こんなこともありました。

顧客の企業から海上保険のオファーをいただき、自分では手に負えないので、「保険の専門家に行ってもらうのでよろしく…」と言うのです。この専門家は損害保険会社の社員のことなのですが、ではあなたは何の専門家？　というのでしょうか？

損害保険の怖いところは、保険の中身を理解していなくても損害保険会社に丸投げして保険を設計してもらって、保険契約の手続をするということがあるのです。このように、保険の契約手続以外の要素についても事細かにしつこく聞くことが、その生保営業マンや保険代理店のスキルを図る術になりますし、いつの間にかに契約をしてしまったということはなくなります。

④聞き上手が使うテクニック

保険契約を獲得するためには欠かせない「聞き上手」ですが、本来は、相手を理解することから始まります。利他主義ともいえるかもしれませんが、営業現場での聞き上手は目的が違います。

若い頃ジェックの宿泊型の営業力強化研修に参加したことがあります。そのときはすべて大手企業子会社の法人保険の代理店ばかりで、その中にインディペンデント法人代理店社員の私が参加した研修会でした。

営業の基本として、小さなイエスを積み上げることの大切さを学びました。そのためには、ノーと言わせない質問を繰り返すことです。なぜなら、最初から契約して欲しいなんて大きな依頼なんかはしません。そんなことをしてしまうと、断られる可能性が高いからです。小さなイエスを段階的に引き出していき本丸（＝保険契約締結）に近づいていきます。

聞き上手は手強い

聞き上手に長けていればいるほど、他人に気配りをすることや、その場の雰囲気を読むことが上手いわけです。例えば、その駆け引きの中で、保険料が高くなるイメージを植え付けておいて、頑張って安くできましたと強調すると、安くなった保険料を歓迎して皆さんが最終的に安くなった保険を契約することもあると思います。こうやって皆さんの心を動かすのです。

私が損害保険鑑定人をしていた頃、現場での損害額の協定では、ほぼ低めの数字を提示していました。保険会社は安くなるのなら１円でも安く支払いたいというのが本音なのです。それは自動車事故でも火災事故でもすべての保険種目に共通したことです。要は、皆さんは絶対に１回目の提示で首を立てに振らないことが肝要です。

したがいまして、当時1回目の提示で承諾いただいてそれで終わりになることが多かったですが、たまに「NO」と言われることがありました。それは織り込み済ですが、2度目の提示で承諾をとれなかったら、その額は青天井に上がり苦労したことも経験しました。

営業でも損害査定でも、ノーと言わせないためのテクニックとしては、一般的には皆さんの言うことに合意や肯定をして建設的な意見を言う「イエス・ノー」、合意や肯定するなど一旦受け入れてから、私ならこう考えますが、どのようにお考えですか？　とか、如何ですか？　というふうに仮定法を使う「イエス・イフ」があります。

上級者になると、「イエス・バット」、「イエス・イエス・バット」、「バット・イエス」、「バット・バット・イエス」などがありますが、逆効果になってしまうことになってしまうことがあります。しかし、「バット」が入ることにより、商談や損害査定交渉をまとめる力あれば、真剣さが伝わり、皆さんの本音を引き出すことができるということがありますので、「イエス・ノー」より有効的なのです。

他には、統計的数字を営業活動に利用するパターンがあります。例えば、「2人に1人ががんを患う時代ですよ」とか、「これが売れ筋の保険商品で皆さんに人気ですよ」とか、「がんになったら○○○万円もかかるのですよ」とか、「健康保険の効かない高度先端医療を受けたら○○○○万円と言うことも…」。

皆さんにとって、選択の余地を奪われませんように！　願うばかりです。

第３章　保険は甘くない

1　生命保険の生身の姿

生命保険のしくみ

次の図表（A～C）は、生命保険のしくみを超簡素化して表現したもので、死亡曲線も実際のものとは相いれないくらいの違いがあります。あくまでイメージですのでご了承ください。

保険料の解約返戻金を多く発生させるためには、保険料前納部分をたくさん確保することが必要になります。そのためには、図表Aの保険料（横線）ラインを上げなければなりません。

したがいまして、保険料は高くなります。その保険料の支払いを、「ⓐライン」までに完了することを「保険料短期払い」といいます。その右横にある「ⓑライン」が、「長期平準定期保険の保険期間満了日」といいます。

生命保険料は、本来、「生命保険会社が定めた死亡率」を基に、死亡曲線に従って毎年計算された保険料の支払いをすればいいのですが、運営管理など事務ロードが複雑になってしまいます。

実務的には、保険種類、契約年齢や保険期間などにより、平均値を取って適正な保険料を定めます。そのために、図表Aのように「保険料前納部分」ができてしまうのです。

生命保険を解約するときの解約返戻金は、「契約を継続して支払い続けてきた保険料総額」から「契約を継続してきたリスクカバーのために相応する保険料総額」を引き算します。

【図表　A】

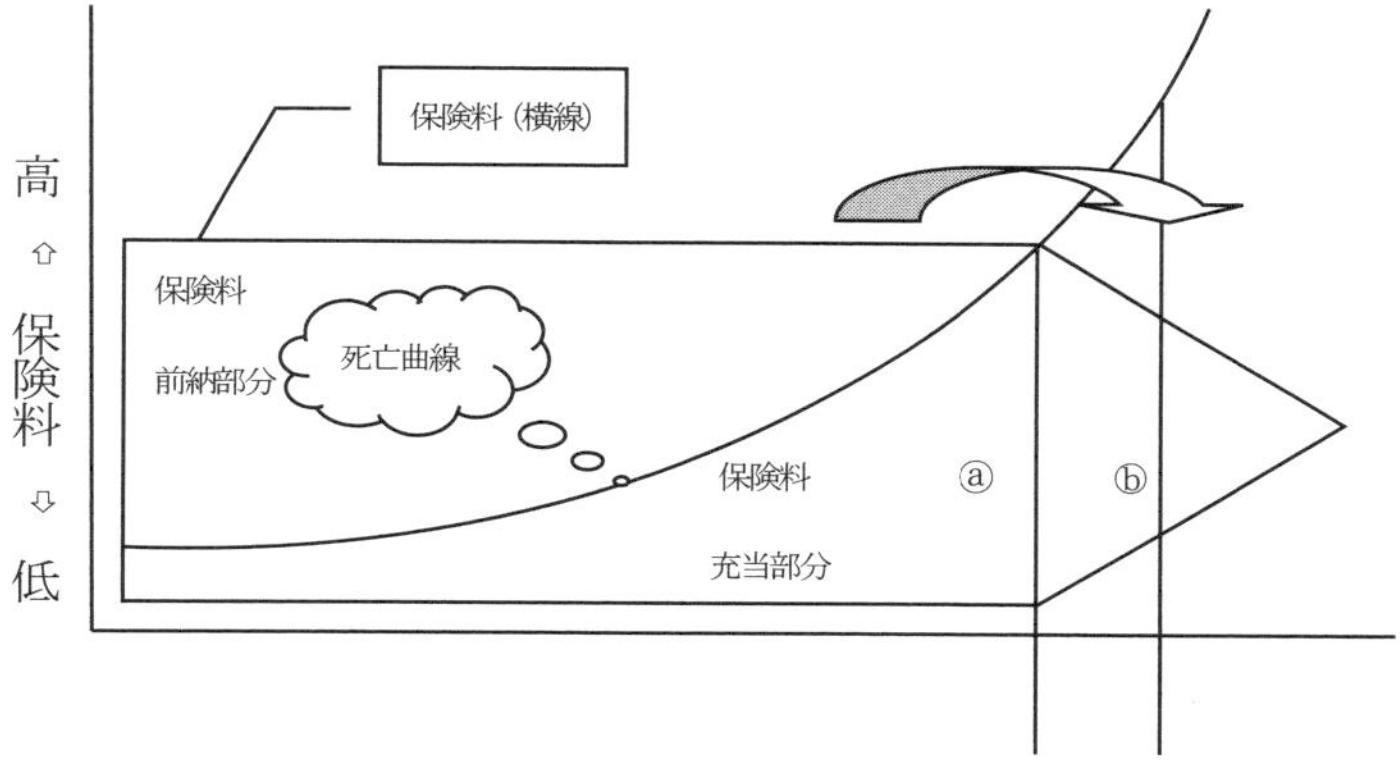

その結果、「得られた答えが１円以上」あれば、それが「解約返戻金」として契約者に返戻されます。その「原資」となるのが、「保険料前納部分」なのです。

この解約返戻金が高くなる保険商品を契約するためには、高い保険料を支払わないといけません。より広く早く保険を販売したい生命保険会社がつくった代表的な保険商品に、「定期付き終身保険」（L字型保険）があります。

この同商品は、図表Cの中の四角の下に薄く終身保険を付け加えた形になり、解約返戻金を殆どゼロに近づけることによって、安い保険料と充実した死亡保険金を実現しています。

解約返戻金が多くある終身保険料や長期平準定期保険料などと比較して、解約返戻金が殆どゼロか、わずかしかない定期付終身保険料や、定期付養老保険料などは、安い保険料なのに、高額な死亡保険金（S）を買うことができるのです。

【図表　B】

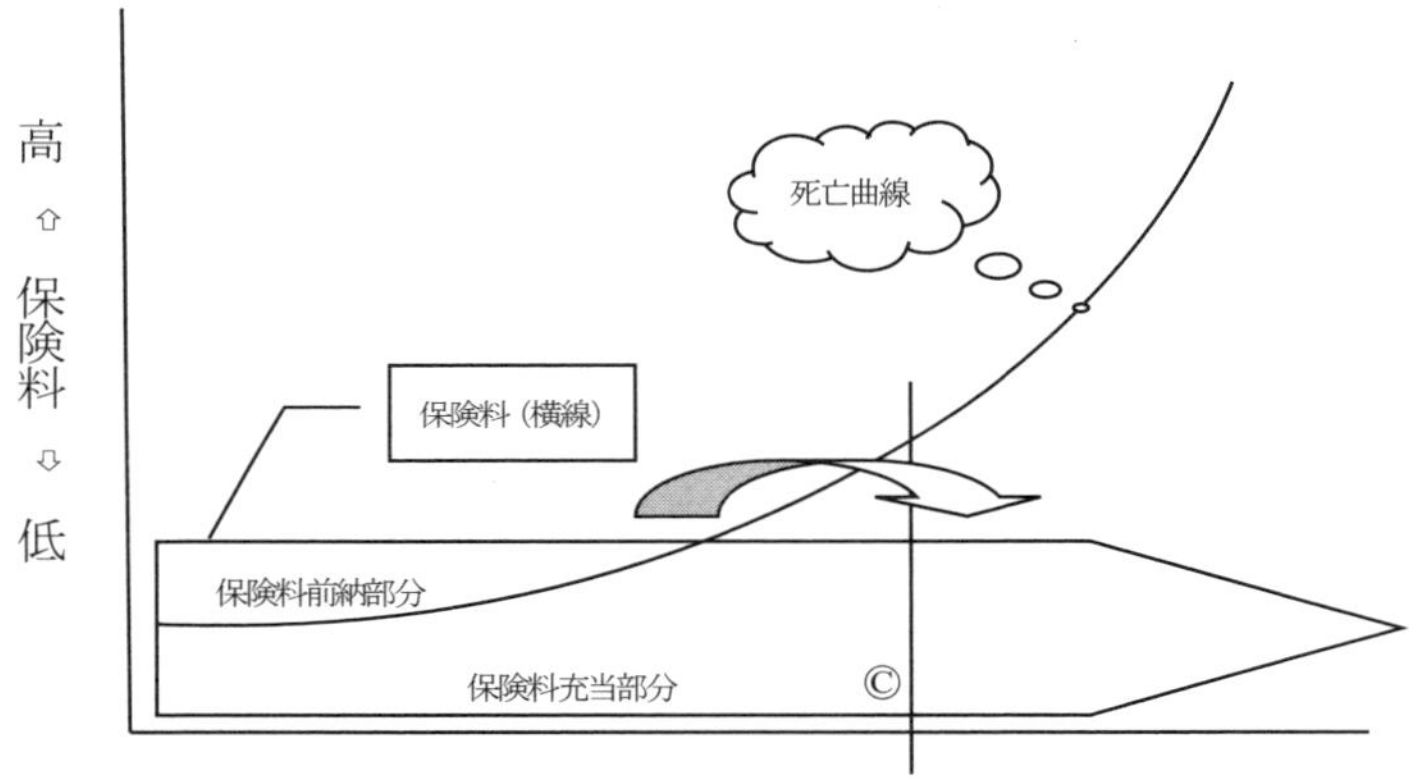

「S」を基準に、成績管理をする漢字生保は、安い保険料で高い「S」を獲得できるこのような保険商品が主力となります。

この保険は合理的といえますが、定期部分の保険期間が一般的には10年間に設計されていることが多く、この更新に際しては年齢を重ねた分だけが高くなります。50歳くらいから以降の保険の更新の際は、急激に保険料が高くなりますので、そのままの保険条件では保険料負担に耐えられない契約者は、死亡保険金額を小さく下げて更新されています。

この保険は今お話したことと、さまざまな特約を組み合わせているということもあり、決して保険料は安くなく、解約しても、終身部分の解約返戻金などしかありません。

図表Bは、図表Aに比べて保険料が安くなるパターンとなります。安くなる要因は、保険料の払い込み型を短期期払いではなく、終身保険を歳満了や終身払い

【図表　C】

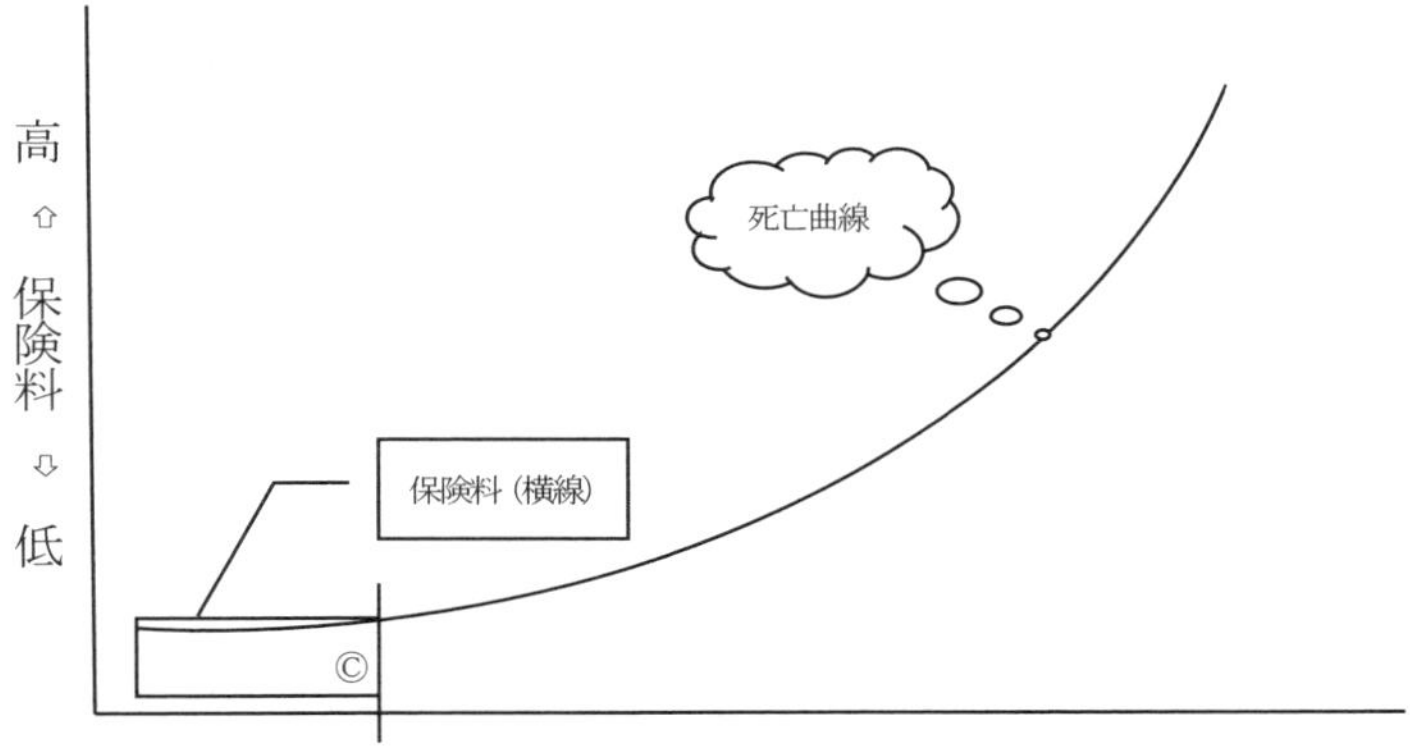

にしていることと、長期平準定期保険を歳満了や保険期間満了にしていることにあります。

図表Cをご覧ください。この保険が生命保険の基本の定期保険（保険期間10年）という保険商品です。

図表Cの中にあるⒸラインが、保険期間と保険支払満了日となります。

この定期保険は、死亡曲線と保険料（横線）が接近していることがおわかりいただけると思います。

この定期保険は、途中解約しても解約返戻金は、ゼロか、あってもびっくりするくらい超少ないのです。

そして、皆さんは元気に満期を迎えましたが、解約返戻金はゼロになります。

死亡率が１％の半分くらいの現役世代の万一に備えてリスクテイクしていたことの責務終了という意味で、生命保険会社が保険料を有難く全額いただくしくみなのです。

2　がん保険のリスク

がんが治る時代は生活費の確保が難しくなる

実は、がんのリスクよりも、がん保険のリスクのほうが高いことをご存知でしたでしょうか。

現代において、人は一生のうち2人に1人は、がんになり、3人に1人は、がんで死ぬといわれています。がんイコール不治の病ではなくなってきた昨今では、10年生存率が6割近くになりましたが、今度はがん治療をしながら仕事を続けていくことが、困難になることが多くなりました。以前なら、がんの治療費の支出は死亡保険でカバーできていましたが、昨今、がんの手術をして、QOL（クオリティー・オブ・ライフ）は維持できなくなってしまうことも多くなりました。

それでも、生きられる今は、治療費を別途カバーしないといけなくなりましたし、がん患者の3人に1人は、がん罹患により退職を余儀なくされることになったり、退職しなくても閑職の部署に異動になって減給になっている現実があります。この低収入の中で治療費と生活費の確保することの苦労がでてきます。配偶者や家族の負担は重くのしかかるなど、その苦労は計り知れないものがあります。

明治時代は平均余命50歳くらいでしたが、今や30歳くらい長生きできるようになりました。それは医療技術の進歩が大きいといえます。この医療技術の高さで、がん以外の病気死亡が減った分、もともと、免疫力が落ちる高齢者になると罹患しやすい病気であるがんの死亡者が増加しているといえます。ここで、テレビＣＭなどで盛んに流されているがん保険が頼りになるはずですが、不思議に思いませんか？

がん保険は儲かる保険商品

これだけ、がん罹患数が増加しているのにも関わらず、がん保険のマーケットに次から次へと新しいがん保険が登場してくるのか？　それは儲かるからに違いありません。

冒頭に人は一生のうち２人に１人は、がんになり、３人に１人は、がんで死ぬといわれていますと、お話しましたが、実態は、長生きできるようになって高齢者を中心にがん患者が増えているのであって50代の現役世代まではそれほどの高率ではありません。

ライフネット生命保険社長の岩瀬大輔さんの副社長時代の著書『がん保険のカラクリ』(文春新書)の中で、「がん罹患率は30代・40代では１００人に１~３人と低いが、50歳代で20人に１人、60歳を過ぎるとおよそ10人に１人と高まり、70歳代では約５人に１人と極めて未直に身近なものになるのである」と述べられています。

そして、独立行政法人国立がんセンターがん対策情報センターの資料によりますと、40歳までの累積がん罹患リスクは男性１％および女性２％で、60歳まででは男性８％および女性10％ですので、40代~60代においてがんに罹患するリスクは男性７％および女性８％ということになり、男女平均で7・5％と推定されます。

今のがん保険は約7・5％のリスクに対応していることになりますが、倉篠はるかさんの著書『生命保険のがんって何？』（ファーストプレス）の中で、「この数字よりも、がんに罹った後にがんではないとご判断されて不払いにされるリスクのほうが高いのですから、これでは何のためのがん保険なのかわかりません」と指摘されています。

3 約款上のがんとTNM分類上のがん

悪性新生物とは

悪性新生物とは、平成6年（1994年）10月12日総務庁告示第75号に定められた分類項目中の悪性新生物（C00〜C97）とし、その内容については厚生労働省大臣官房統計情報部編「疾病、傷害および死因統計分類提要ICD（2003年版）準拠によるものとなっていて、約款上の悪性新生物（がん）は451種類あります。

そして、約款上の悪性新生物（がん）は、厚生労働省大臣官房統計情報部編「国際疾病分類―腫瘍学第3版」中、新生物の性状を表す第5桁性状コードが、「／3……悪性、原発部位」、「／6……悪性、転移部位　悪性、続発部位」、「／悪性、原発部位又は転移部位の別不詳」とします。

なお、悪性新生物には、国際対がん連合（UICC）により発行された「TNM悪性腫瘍の分類」

（診断確定された時点における最新版とします。）において病気分類が０期に分類されている病変は含みません。さらに、上皮内がん、非浸潤がん（非浸潤乳管がん、膀胱における乳頭状非浸潤がん等）、大腸粘膜内がん等は、悪性新生物に該当しません。

上皮内悪性新生物とは

上皮内新生物とは、平成６年（１９９４年）10月12日総務庁告示第75号に定められた分類項目中の上皮内新生物（Ｄ００〜Ｄ０７・Ｄ０９）とし、その内容については厚生労働省大臣官房統計情報部編「疾病、傷害および死因統計分類提要ＩＣＤ（２００３年版）準拠によるものとなっていて、約款上の上皮内新生物（がん）は57種類あります。

そして、約款上の上皮内新生物（がん）は厚生労働省大臣官房統計情報部編「国際疾病分類―腫瘍学第３級」中、新生物の性状を表す第５桁性状コードが、「　／２……上皮内癌　上皮内　非浸潤性　非侵襲性」とします。

なお、上皮内新生物には、国際対がん連合（ＵＩＣＣ）により発行された「ＴＮＭ悪性腫瘍の分類」（診断確定された時点における最新版とします）において病気分類が０期に分類されている病変を含みます。

また、上皮内癌、非浸潤がん（非浸潤乳管がん、膀胱における乳頭状非浸潤がん等）、大腸粘膜内がん等は、上皮内新生物に該当します。

ＴＮＭ悪性腫瘍の分類とは

「ＴＮＭ悪性腫瘍の分類」というのは、がんの進行度の基準を決めているもので、国際的な規約として使われています。

「Ｔ」は原発腫瘍（tumor）で、腫瘍なし（固まりをつくっていない）を「Ｔ０」と、がんの大きさ、浸潤の程度により、各臓器別に分類を「Ｔ１～Ｔ４」に分類しています。

「Ｎ」はリンパ節転移（lymph nodes）で、リンパ節転移なしを「Ｎ０」と、リンパ節転移の程度により、各臓器別に分類を「Ｎ１～Ｎ４」に分類しています。

「Ｍ」は遠隔転移（metastasis）で遠隔転移なしを「Ｍ０」と、遠隔転移ありを「Ｍ１」に分類しています。

これに最上位の進行度を示す病期のⅣ期を含んだ病期分類が記載されている悪性新生物で、この分類に該当しない悪性新生物は、日本胃癌学会が定める「胃癌取扱規約」、日本肺癌学会が定める「臨床・病理肺癌取扱規約」その他のガンの研究の推進などを目的とする学術団体が定める各種「癌取扱規約」上の病期分類をいいます。

そして、悪性新生物ごとに日本における医師の病理診断において通例的に参照されるものであること等の基準により生命保険会社が認めた病気分類とは悪性リンパ腫における「Ann Arbor 分類」、慢性リンパ性白血病における「Rai 分類」および「Binet 分類」をいいます。

4　がん保険の診断確定…結局は医師の判断のみ

保険金が支払われる条件

支払事由は、責任開始日（この日以降に復活が行われた場合には、最後の復活の際の責任開始時。以下同じ）以降に、診断確定された悪性新生物の治療を直接の目的とする手術であることで、かつ、介護保険法に定める介護療養型施設を除く、医療法に定める日本国内にある病院または患者を収容する施設を有する診療所における手術であることになります。

さらに、公的医療保険制度（健康保険法、国民健康保険法、国家公務員共済組合法、地方公務員等共済組合法、私立学校教職員共済法、船員保険法、高齢者の医療の確保に関する法律）における「医科診療報酬点数表」に手術料の算定対象として列挙されている診療行為または、輸血料の算定対象として列挙されている造血幹細胞移植であることです。

同様に放射線治療や抗がん剤治療についてもそれぞれの定めがあります。簡単に纏めると、①契約後の発病であること、②約款上のがんの定義に該当すること、③医師による診断確定されることの３つが揃えば、保険金を支払ってもらえます。

①契約後発病

契約して90日の待機期間経過後に初めて罹患したがんだけが保険金の支払対象になります。したがって、「責任開始前発症不担保条項」のとおり、保険期間（責任期間）開始後に発病したがんを含む疾病のみを保険事故の対象とする条項で、「契約前発病不担保条項」や「始期前発病不担保」という言い方もされます。

②約款上のがんの定義

がんといっても悪性か否かの判断基準は学派や時代により変わってきますので、同じ腫瘍でもその見立ては変わってくることがあります。

例えば、「約款上の上皮内がん」と「ＴＮＭ分類上の上皮内がん」は異なるのです。

「ＴＮＭ悪性分類上の上皮内がん」はステージ０（Tis上皮内癌〜Ｔ１）でがん細胞が上皮内にとどまるものとしての分類になります。腫瘍が、がん保険の保険金の支払対象となる悪性新生物に該当するか否かは、その分類コードが約款の別表《疾病、傷害および死因統計分類提要ＩＣＤ—１０（２００３年版）準拠》にあるか否かによるということになります。

③医師による確定診断

がんの定義および診断確定…医者による判断が必須要件

某生命保険会社の約款の「ガンの定義および診断確定」は次のように記載されています。

「第３条　この保険契約において「ガン」とは、別表２に定める悪性新生物（以下、「悪性新生物」といいます）および別表２に定める上皮内新生物（以下「上皮内新生物」といいます）をいいます。

２．悪性新生物診断確定は、病理組織学所見（生検）により医師の資格を持つ者によってなされることを要します。ただし、病理組織学的所見（生検）も得られない場合には、他の所見による診断確定も認めます。

３．上皮内新生物の診断確定は病理組織学所見（生検）により医師の資格を持つ者によってなされることを要します」。

つまり、診断確定するためには、病理組織学的所見は絶対に不可欠とまでは言えませんが、結局絶対欠かせない必須要件は、「医者による判断」だけと言うことになります。

5　がんの手術に必要な治療でもがん保険が出ない？

あいまいな保険約款

平成22年（２０１０年）２月３日に、独立行政法人国民生活センターには、がん摘出手術をするために必要な血糖値を下げるために入院したがん保険契約者に対して、がん保険の入院保険金が支払われないケースがあったと発表しました。

同センター消費者苦情処理専門委員会は、がん契約者の男性からの相談を受けて、同センターの本小委員会の審議の結果、本件における1度目の入院は、がん保険の保険約款の支払事由の「責任開始日以後にガンの治療を目的として所定の治療を行なったときに支払います」に該当し、本件の相談者はがん保険を契約している生命保険会社に対して、入院保険金の支給を求めることができるとの結論に至りました。

がん保険契約者が平成18年（2006年）に前立腺がんと診断され、抗がん剤の投与を受けていました。そして、平成20年（2008年）4月に、放射線治療する診断されるに至りましたが、当院では放射線治療が行えないので、大学病院を紹介されました。この大学病院で今後の治療方針を検討した結果、前立腺の摘出手術をすることとなりました。

しかし、手術前の血液検査で血糖値が高いことが判明したため手術は中止になりました。そして、血糖値を160以下に下げるために大学病院で5月13日から19日間入院されました。

これまで定期的に投与されていた抗がん剤は入院中も1度投与されました。血糖値が160以下に落ち着いたので退院し、改めて手術を予約しました。手術が6月26日に決定し、再び大学病院に入院して6月19日から23日間入院して前立腺摘出術を受けました。

退院後、2度の入院について保険金を請求しましたが、生命保険会社は1度目の入院は保険金支払いの対象外と判断し、前立腺摘出手術を行った2度目の入院に対してのみの保険金に支払いを行いました。

以上が、本件の概要ですが、生命保険会社は、がん保険契約者に対しても、国民生活センター消費者苦情専門委員会小委員会に対しても、1度目の入院に対する保険金支払いを拒否しました。

生命保険会社の回答は次のとおりです。

「1度目の入院では抗がん剤の投与は1日のみであって、主にインスリンの投与等で血糖値の調整を行っていることから約款にある「がんの治療を受けることを直接の目的とした入院」には該当しないと、改めて判断を示した」。

報道発表資料・毎日新聞　2010年2月4日『がんの摘出手術に必要な血統コントロールのための入院に対して、がん保険の入院保険金が支払われないトラブル』（国民生活センター消費者苦情処理専門委員会小委員会　助言）並びに、『お金で騙される人、騙されない人』（幻冬舎新書　副島隆彦著）から引用させていただきました。

6　皮膚がんが出ないがん保険がある

白人を対象にしたから…保険の対象外に

皮膚がんを除外しているのは、がん保険の中で、三大疾病（がん、脳卒中、心筋梗塞）を対象としている特定疾病型のがん保険が不担保にしているのですが、正確には、「上皮内がんおよび皮膚の悪性黒色腫以外の皮膚がん」を不担保にしています。

『生命保険のがんって何?』（倉篠はるか著・ファーストプレス）によりますと、倉篠はるかさんは皮膚がんを不担保する理由は、「特定疾病型がん保険」が南アフリカの三大疾病保険をモデルにしていることに関係していると述べられています。

即ち、モデルにした保険は主に白人を対象にしたからです。皮膚がんの発生率が高い白人に対して、皮膚がんを担保した保険をつくれないという事情があると述べられています。因みにオーストラリアの白人における皮膚がんの発生率は全がんの6分の5を占めていますし、その7割は基底細胞であるとされています。このような状態は南アフリカの白人もほぼ同様と推定されています。

全がんの6分の5を占めるオーストラリアの皮膚がんですが、黄色人種の日本での皮膚がんの発生率は、全がんの約2・7％に過ぎないのです。皮膚がんのすべてを保険でカバーしても収支は合うと思います。現にがん専用のがん保険では皮膚癌を保険カバーしているだけに、なぜ、特定疾病型のがん保険で、皮膚の悪性黒色腫以外の皮膚がんを不担保にしているのかわかりません。

因みに、がんには2種類あります。

例えば、最初に悪性新生物が肝臓から発生したら、この肝がんのことを、「原発性悪性新生物」といいます。そして、この肝がんが他の部位に、例えば、肺に転移して悪性新生物にも存在するようになったこの肺がんのことを、「続発性悪性新生物」と言います。

三大疾病の保険は要らない

すでにお話していますように、「特定疾病保障定期保険」では、悪性黒色腫以外の皮膚がんは保険金の支払対象外としている生命保険会社が多い中で、その皮膚がんが他の臓器に浸潤して、例えば、皮膚がんが胃まで浸潤した場合は、病変の発生した部位の胃がんのことを「続発性悪性腫瘍」

とか、「転移性胃がん」いいます。

しかし、生命保険会社の回答を求めた結果は、「特定疾病保障定期保険」の「特定疾病保険金（悪性新生物新生物・がん）」の保険金の支払事由に該当しないということでした。

これは、皮膚から発生したがんがどこに転移しようとも皮膚がんであることに変わりないから保険金を支払う必要のないということなのです。このあたりの対応について交渉しても埒が明かないことですので、現実的な対応方法についてお話をします。どうしても、第三分野（医療・がん保険）を希望される場合は、「医療保険」とそれに付帯する「特定疾病特約（三大疾病特約）」ではなく、単一型の「がん保険」をご契約されることをおすすめします。

もともと、この「特定疾病保障定期保険」のがんは、上皮内がんを対象外としていますし、急性心筋梗塞は60日以上の労働の制限の状態が継続しなければなりませんし、脳卒中も、60日以上の言語障害、運動失調、まひ等の神経的などの他覚的神経学的後遺症が継続しなければなりません。いずれも医師の診断が必要なことは言うまでもありませんので、おすすめできません。

7　決死の覚悟で自殺したのに無駄死に…なった

損害保険では自殺は保険がでない

テレビのドラマなどで、企業経営者が資金繰りに行き詰って、自ら命を絶つシーンがあります。

この自殺についてお話したいと思います。

ところで、生命保険や損害保険で自らの命に保険をかけていますが、それが遺族なり企業なりに約束通り保険金が支払われたかどうか最終確認できないのが残念なところです。旅立って逝ってしまった人が託した想いや意志を「保険金」の支払いに繋げるのかが、現場で働く生保営業マンや保険代理店社の使命だと考えています。

さて、この「自殺」もよく考えて実行しないと取り返しのつかないことになりますので、注意が必要です。

まず損害保険は絶対免責となっています。

旧損害保険ジャパン（現損害保険ジャパン日本興亜）の傷害総合保険約款では、「第2章傷害条項、第2条（保険金を支払わない場合―その2）第1項1号に保険契約者または被保険者の故意または重大な過失。同3号、被保険者の自殺行為、犯罪行為または闘争行為」となっています。

生命保険の場合は、もともと、人が自ら命を絶つことは余程のことだろうということも考慮されていたと思いますが、「自殺」は保険金の支払対象となっていました。

ただし、モラルハザードのことを考慮に入れました。昔は人が1年間も、ずうーっと考える続けることはできないだろうということで、契約責任開始から1年以内の自殺は保険金の支払対象外としていたのですが、契約責任開始から1年を超える自殺が物凄い勢いで増加しました。

保険を継続することは難しい

その結果、収支が合わなくなったということだろうと思いますが、「自殺」に関する約款の条文が変更されました。ＮＫＳＪひまわり生命保険の定期保険普通保険約款の第2条（保険金の支払）1項この保険において支払う保険金については次のとおりです。

「死亡保険金、支払事由に該当しても保険金を支払わない場合（以下免責事由といいます）、次のいずれかにより被保険者が死亡したとき、1号、責任開始（復活が行われた場合には最後の復活の際の責任開始期、保険金額の増額金が行われた場合については最後の際の責任開始期。以下、同じ。）の属する3年以内の自殺。2号、保険契約者または死亡保険金受取人の故意）となっています。一方で、3年以内の自殺であっても、被保険者の精神障碍中の自殺は含まれないというのが大審院大正5年2月12日判決（民録22輯２３４頁）以来の確立した判例です。

先日、旧アリコジャパン（現メットライフ生命保険）の終身保険・55歳払込満了の顧客が、一度の保険料振替不能も起こさずに保険料を支払い続けていただくこと３６０回（30年間）。でした。

私にとって、今までこの保険業界33年目の夏を迎えましたが、唯一無二のことです。

もし、保険料の支払いが滞り、失効して、すぐに再度保険契約の復活をしたという場合は特に注意してください。失効して、再度復活した場合は、今までの継続契約ということではなく、復活した今からのスタートなり、改めて、３年間の自殺免責条項が復活しますのでご留意してください。

自殺をするときには冷静な判断はできないことと思いますが、身を呈して「守る」命があるわけですから、保険がちゃんと機能するかは日頃から十二分にご確認ください。
なお、付け加えておきますが、自殺を奨励しているわけではありませんので、念のため。

8 正しく告知したのに…保険が出ない

告知だけで契約できる保険はリスクがある

皆さん、無診査で告知だけで簡単に保険に入れますよとか、病気していても入れる保険がありますよとか…テレビCM、新聞、広告などなどで、がん保険や医療保険が大量に放流されていますね。ドラマ仕立てにしたり、がん罹患経験者を登場させて視聴者の涙をさそったり、ブラックスワンを登場させて逆説的なことを言ったりして、消費者の心に揺さぶりをかけて消費者の契約が行動に移るように喧伝しています。

保険法や保険約款について、保険会社が常に正しく理解して業務を行っていると安心し、信頼をすることは危険です。また、司法試験の中に入っていない保険法に詳しくない弁護士もいらっしゃいますし、現にクライアント企業の弁護士からPL保険約款・規定ならまだしも、それに連動するPL法についても助言を何回かにわたって求められたことがあります。

生命保険、医療保険での告知書は5項目あります。

①最近3ヶ月以内に、医師の診察を受けた結果、投薬・治療・検査・入院を・手術をすすめられ

たことや受けたことがありますか。②告知日から過去5年以内までの間に、次のいずれかに該当される事実はありますか。③過去2年以内に健康診断・人間ドッグを受けて「別表2」の臓器・検査について以下のいずれかを指摘されたことがありますか。④視力・聴力・言語・そしゃく機能に障害がありますか。または背骨・脊柱に変形や障害がありますか。⑤女性（満6歳以上の場合）、告知日から過去5年以内までの間に、次のいずれかに該当されたことがありますか。

意図的であったり、忘れていたりして告知をしなかったりすると、故意または重大な過失の問題になります。そして、責任開始日（復活の場合は復活の日）から2年以内であれば、告知義務違反となり保険会社は契約や特約を解除されることがあります。

また、2年を経過していても保険金等の支払事由が2年以内に発生していたら、契約や特約を解除されることがあります。

一方で、過去3ヶ月以内にでも、それ以前にでも、医師の診察を受けていても病名を告げられていなかったら、当然ながら告知することができません。この場合で責任開始日以降に保険金等の支払事由が発生したときは、知らなかったわけですので告知できませんから、告知義務違反ではありません。

しかし、保険金等が支払われないこともありますし、そもそも、きちっと告知されていたら、契約が成立していなかった可能性がありますので、無効となり契約始期に遡って保険料を返戻というういことになる可能性もあります。

責任開始前発症とは

「責任開始前発症」とは、きちっと告知して契約が成立した医療保険やがん保険でも、例えば、契約をしてから1週間後に、保険金や保険給付金の支払事由が発生した。しかし、その病気が、保険の責任開始前に発症していたと医者が診断したら、保険金や保給付金の支払対象にはなりません。

告知義務違反と責任開始前発症事案については、慎重に十分留意しなければなりません。

契約後、病気になったが、その病気が保険契約前に発症していても、本人がわからなかった場合でも、医師がそのことを診断すると、保険給付金の支払対象外となるのです。

昨今は主治医からの「がん告知」は普通に伝えられるようになりました。しかし、「胃がん」なのに「胃潰瘍」と告知された患者の場合を考えてみましょう。

この患者は、「胃潰瘍の手術」に成功して元気に退院をしましたが、「胃がん」であることを患者の奥様に伝えたものの、本人には伝えられていませんでした。

ご主人が退院後、しばらくして、今後のことも心配になったので、「胃潰瘍になったが完治した」と告知して、初めて医療保険とがん保険を契約しました。しかし、その後、「胃がんが再発」しました。

この場合には「告知義務違反」で保険給付金の支払対象外となります。ご主人は、保険契約前には、「胃潰瘍」だと医師から聞かされていました。「がん」だとは知らなかったとしてもだめなのです。告知事項に該当するのなら、無理して医療やがん保険を契約しないほうがいいです。契約以降にトラブルになることも十分考えられますから。

第4章　保険代理店選びから始めよう

1　保険代理店ってどんな仕事？

保険会社の代わりに保険を売る仕事

生命保険や損害保険を販売する人のことを「保険募集人」といいます。

「本章に入る前にちょっと」でお話しましたように、昔に比べますと、代理店統合・合併が多く行われたので、生保営業マンや保険代理店数はかなり減少しました。

でも、保険募集人は新たな保険代理店に移っただけなので、さほど減少していないようです。保険募集人資格は、更新試験を5年ごとに受けて合格しなければ、仕事を継続できなくなりました。私も3年前に更新手続をして今に至っていますが、この更新手続を機にやめていく保険募集人もいらっしゃいます。

平成28年5月29日（平成２０１６年）に施行された改正保険業法により保険募集人を取り巻く環境がより厳しくなってきましたし、保険会社1社専属保険募集人への流れも強化されることと並行して、業務停止処分や業務廃業処分になることもあるでしょうから、減少していくものと考えています。

さて、生保営業マンや保険代理店の仕事は、その勤務体系や募集体系によりさまざまですが、お客様から保険契約をいただいて保険会社と繋いだパソコンでの計上や保険料の送金をして申込書を保険会社に郵送して保険契約手続には完了します。あとは、契約の管理保全をしたり、事故対応をしたり、既存のお客様との関係維持や新たなお客様を開拓する新規営業に取り組んだり、保険だけでなく周辺の業務知識等の勉強をしたりなど多岐に亘ります。

変な話ですが、この仕事は真面目に取り組めば取り組むにつれて質的にも量的にも際限なく拡がり、キリがないくらいになります。逆に、保険契約手続だけの最低限の仕事をしていても、ただの紙だけしか目の前にはありませんので、契約をしている皆さんからは表面的は同じに見えるのです。

７～８年前のことですが、リスクマネジメントを標榜して頑張っている前出の保険代理店の社長が、「我々の仕事は見込み先の企業を開拓してくることで、その企業への保険の設計は保険会社がすることが役割分担なのだ」という趣旨のことを私に力説されていました。見込み先企業が見つかると、取引をしている全保険会社に対して、見込み先企業が契約している保険証券のコピーを一斉にＦＡＸして一番安い保険料を提示した保険会社の見積書を持って行くのです。使えるものは使って効率的に仕事をすることを大切にされています。

既存の保険証券のコピーからだけで判断してそこからスタートするのは、残念ながらリスクを取り扱うプロとしての及第点はとれません。他の保険代理店や保険会社が見積もった結果が反映している保険申込書や保険証券を鵜呑みにするリスクは、計り知れないリスクを抱えることにも繋がる可能性があります。

もし、それに誤りがあれば、自分の仕事に感染してしまうのでそのまま使うのではなく、現場での確認作業をしながら照合していくというステップを踏む必要があります。なぜなら、リスクのあり方は不変（固定）ではなく、シフトしていくからです。ひと手間を加えることは、皆さんとのリスクコミュニケーションをすることに繋がります。

新規法人開拓の一つとして、売上と利益と顧客を紹介することを切り口にされている保険代理店もいらっしゃいます。

リスクマネジメントに基づく仕事

生保営業マンや保険代理店の仕事は、リスクマネジメントの一部にすぎません。その一部分はリスクの転嫁部分ですが、さらに我々が扱っている部分はさらに狭い範囲です。「はじめに」でもお話しましたように、リスクには純粋リスクと投機的リスクがあります。前者は資産や利益がマイナスになるだけですが、後者はプラスにもマイナスにもなります。

保険の機能はマイナスにだけ作用する純粋リスクをカバーリングするものですから、言わば、リスクマネジメントではなく、「ピュアリスクマネジメント」と言うべきかもしれません。もちろん、企業の財務・会計から鑑みると、純粋リスクと投機的リスクから発生する損失を考慮しながらプランを立てて、日常業務に当たらなければならないことは言うまでもありません。

我々生保営業マンや保険代理店の仕事は、クライアント企業の経営者や幹部社員に未確認のリスクや不知のリスクをすべてご認識いただくべく営業をしなければなりません。そして、その処理方法について、時間を割いて検討すべきであります。保険の機能は企業が決算期間中に、事故や災害で損失が出たとしても、保険を機能させて補てんすることで決算を損失なしで何事もなかったかは如くに通過させることにあります。

2　生保営業マンや保険代理店を見極める八つのポイント

①保険商品のすごさしか説明しない

ご挨拶などをすませてから、間髪なく保険商品のことを切り出して、かばんから徐に用意してきたパンフレットと、保険見積書を取り出して手渡しました。そして、自分の説明用に用意した同じパンフレットと保険見積書を見ながら、時折お客様に手渡したパンフレットや保険見積書にペンで指し示しながら熱く語り始めました。

保険会社が用意している応酬話法Q＆Aなどで、セールストークを組み立てたのでしょうか！　それは丁寧に熱く、保険会社一押しの売れ筋保険商品を持ってきました。皆さんこの保険商品に入っていただいておりまして好評ですのでおすすめです。

この保険商品にはこんな特約があって、同業他社の類似商品よりもこんな機能がついていて有利で、しかも、保険料水準も業界では一番安くできているのです。それに、これ一つでさまざまなリスクから守ってくれる優れものですよ。お得だと思いませんか？　と延々と語り続けました。

用意してきたセールストークを一気にすべて出し切りました。お客様がどういうお考えで、何を望んでいるのか、この保険商品で何が解決できるのか、どのように日々の業務なり、日常生活なりが変わるのか、改善されるのか…ということには言及しないのです。

このような保険商品のすごさばかりを強調するようだと、企業の業界や企業のことの理解が足りないことも多いので、このような生保営業マンや保険代理店はおすすめできません。

②保険証券のコピーがすべて

工場の火災保険契約等の申込書に記名捺印をいただいたときに、「どこで入っても同じやと思ってきたけど、今回全く違うということがわかった」とおっしゃっていただいたことがありました。保険契約を切り替えていただくべく営業をしているときに、現行の保険証券のコピーをいただいたのですが、その際に一別してこの工場の建物や屋外設備とリンクしていませんでした。

工場長は、「今の保険代理店に火災保険を切り替えたときは、保険証券のコピーだけでそのまま同じ保険金額などの内容で、保険料を見積もってくれました。そして、かなり保険料が下がったので契約をしたということでした」と説明をいただきました。

このままこれを踏襲するのはリスクが高くなることなどをご指摘して、工場の物件確認などをさせていただき工場配置図をつくりました。そして、固定資産台帳のコピーをいただき物件確認した内容とリンクさせて建物、屋外設備、機械設備等の評価書を作成しました。

火災契約をいただく確約もないのに、このフルライン・フルカバー（保険種目にして10種類ほど）のご案内書と工場評価書をご提出しました。結果、火災保険は更に安くなりましたので、火災保険だけをご契約をいただきました。

今現在は、当初にご案内した内容の半分ほどの保険契約をいただいております。そのままその保険代理店のつくった保険証券は間違っていることもあるので、コピーは必ずもらいますが、参考にするだけで、必ず自分の目で確認するようにしています。

③統計数字を信じてはだめ

第３章のがん保険のリスクでもお話しましたように、２人に１人ががんになり、３人に１人が死ぬ時代になりました。長生きする時代になったことと、医療技術の進歩、医療機器設備の進歩などでがんが発見されやすくなったことなどで、当然がんになるリスクが高まったのです。

厚生労働省が公表しているこのデータは、健康的な生活を送っている人とそうでない人もすべて合算しています。健康的な生活を送っている人だけで集計したらどうなるでしょう？　がんになる確率とがんで死ぬ確率は下がりますよね。生命保険は健康な人しか保険に入れないわけですので、がんに罹患する確率が低いので、積極的に宣伝して、２人に１人が…と不安を煽って保険料を集めているのです。

統計数字は、その取り方によって全く違うものです。例えば、自動車事故の死亡者数は、事故が発生してから24時間以内死亡したケースのみをカウントしているということはよく知られたことですね。24時間をわずかでも過ぎてしまえば、負傷者の中に含められてしまうわけです。世の中には自動車事故で死んでも、死亡者にならない人がたくさん存在するわけです。不思議ですね。

因みに厚生労働省の場合は、1年以内の死亡者までカウントしていますので、その差の乖離はかなりあります。保険会社が持っている統計数字もそのまま信じてはいけません。基本的は保険料を集めるために使うわけです。「平均」というのもややこしい数値です。

このように、集計数字や平均値を多用する営業は疑ってみる価値があります。こんなデータがこうだからでなく、皆さんにとって必要か否かとか、なぜ必要なのか否かとか助言してくれる生保営業マンや保険代理店をおすすめします。

④この保険商品が売れていますよ!

売れている保険商品が、必ずしも皆さんに良いということはありません。売れているのではなく売っているから売れているのです。

生保営業マンや保険代理店は、得意な保険商品しか売りません。言い方を変えると、売ることができる保険商品しか売れません。損害保険会社からなくなってきつつある保険商品があります。例えば、「企業費用利益保険、営業継続費用保険」です。

この保険は、企業や店舗そして、それぞれの外注加工企業等が火災、台風などの事故・災害で生産や営業ができなくなって利益を喪失したり、新たな赤字経常費を支払う羽目になったときに発動する保険で、この保険ができて24～25年くらい経ちます。

しかし、企業にとってはなくてはならない保険なのですが、あまり保険代理店が売ることがなかったのです。現に数年前から売らない、売れないというこの保険の販売を静かにやめて、保険料計算が簡単で売りやすい保険商品の中に組み込んでしまいました。

例えば、「この保険商品はなくなりましたので、「超ビジネス保険」を売っていただくしかありません」との回答をいただいているのは、東京海上日動火災保険です。超ビジネス保険の中にある「休業に関する補償」でカバーすることとなるのですが、「企業費用利益保険、営業継続費用保険」とは似て非なるものです。保険会社の売りたい保険商品を、生保営業マンや保険代理店が、売っていることが多いといえます。

皆さんにできるだけピタッとフィットしたリスクカバーを考えてくれる生保営業マンや保険代理店をおすすめします。

⑤具体的な事故例を言わない

何度もいいますが、保険の使命は約束したとおりに保険金をお支払いすることにあります。営業的なことばかりで、具体的な事故例を明示せずに、パンフレットに記載されているお支払いできる場合の説明だけで終わっていることはないでしょうか？　不思議なことに事故や災害は、パンフレットに記載されている事故例にど真ん中でのケースはあまりないのですよ。なぜか？　ぎりぎりストライクとか、ぎりぎりボールとかが多いのです。

だから、事故や災害で保険代理店に電話すると、受けた保険代理店が即答できずに、保留にして改めて連絡することがありますが、慎重さと正確さが求められるので誰しもあることですから仕方ないのです。

ただ、想定外の事故や災害が発生した場合がよろしくないのです。この場合、保険が出るのか、出ないのか判断ができないので保留にしてしまうのです。

もし、想定していた事故形態・状況であれば、すべてその場で対応できるはずですし、当然できないこともありますが、仮にそうだったとしても、ここの点が気になるので少し確認するので…ということになります。

いけないと思うことは、生保営業マンや保険代理店が保険契約をするときに、パンフレットに記載されている事故例からではなくて、契約者にも質問したり、その業界の特有のリスクの傾向なども質問したり、調べたりしたリスクを現場からの目線で具体的な事故例を列挙しておけば、トラブルはかなり防げます。

この作業をすることにより、新たなリスクが浮き彫りになったりして他の保険も必要なことになったりすることもあります。こういう作業ができる保険代理店なら安心ですね。

⑥質問するとパンフレットをめくるだけ…後日ご連絡します

誤解を恐れずにいいますと、保険手続が済めば、1分1秒でも早く帰りたいと思う生保営業マンや保険代理店が中にはいます。忙しいというのがあるかもしれませんが、それだけではありません。生保営業マンや保険代理店に対しては、とにかく質問してください。特に支払関係は重点的に質問してください。そして、その質問に応えられることが少なかったり、質問の度にパンフレットをバタバタとめくりその答えを探すことが多かったり、最後に改めてご連絡しますというふうなことであれば、約款や支払規定などに弱いことの証左です。

生保営業マンや保険代理店を選ぶ基準はいろいろありますね。よく保険は人となりといいますが、それは否定しません。しかし、それだけではなく、保険の理論理屈をしっかり持っている生保営業マン保険代理店でないと、保険会社と丁々発止できません。

だからといって、親切、誠実でなかったり、横柄な態度をとったり、約束を反故することがあったりするようならそれ以前の問題ですが…。

⑦企業と業界のことを知らない、理解していない

保険の基本は、相手を知り理解することです。もし、皆さんから声をかけないと新たな保険を提案してこないことが常なら、相手のことをよく知らないし理解していないのかもしれません。

保険を売ることに関心があって、皆さんへの新たな気づきのご提案は、期待できないかもしれませ

ん。

⑧保険は薬と似たものどうし？　効くのは最初だけ

自宅が火災に遭い全焼してしまいました。大切な資産や思い出の詰まった物などを失ってしまいました。自宅が火災になんて一生に1回あるかないかの出来事ではないかと思います。ただ、昨今は台風、竜巻、水災などの広域災害による罹災で、大切な資産や思い出の詰まった自宅を失うことが増えてきましたので、「一生に1回」ということではなくなってきました。

このときに立ち直って前に進んでもらうための「治療、薬」としての「保険」が、経済的に皆さんを支えてくれます。このような外因的な不可抗力ともいえる罹災による損害にこそ、保険は有効に機能します。

一方で、保険には皆さんの事業活動や日常活動に伴うことによって発生する事故は、有効的機能を果たさないことが潜在しています。それは、特に人が関わる作業といいますか、人の職業的なスキルなどに委ねる部分多が仕事に伴って発生する事故なのです。

もちろん、保険は有効に機能させることはできます。ただ、薬での治療を見ていますと、当初は効いてもその後その対象が、耐性を持ったり、慢性化すると効きが悪くなることがあります。そのため、さらに強い薬の投与へと続きます。結果、薬漬けになり薬の副作用に苦しむことになります。

うつ病の薬での対処療法とか、抗がん剤投与での治療も一つの例かも知れません。

では、保険はどうかといいますと、事故により損害が発生すると、保険という機能が発動し、損失がカバー（補てん）されます。

最初は事故を起こした本人も、その管理責任者も「保険で対処（損失の穴埋め）できて、「よかった…やれやれ」胸をなでおろすことがあります。

しかし、ここからが保険の難しいところなのです。かなりの確率で事故が続くのです。

何百万円、何千万円、またはそれ以上という大きな損害ではなく、経費でも処理が可能な数万円、数十万円から数百万円くらいまでの事故が続くのです。

保険はスキル向上の妨げになる危うさもある

何かあったら保険が助けてくれるという思いが強くなるのでしょうか。

結果的に人の職業的なスキル向上に保険がその妨げになっているといえるのです。それは、事故を起こす人はある程度決まっているからです。ただ、怖いのは、保険を使った事故の処理を見ていた組織の他のメンバーが、「大丈夫なんだ…」と思うことで、そこの組織全体に伝播していくのです。

事故が多発し、保険を使うことを喜んでいる人は誰もいません。現実に発生する事故への対応をしながらも、保険（薬）を使わなくても済むように、軽減できるようにアドバイスをしたり、安全安心につながる勉強会などをして、意識を変えてくれる保険代理店がおすすめです。

事故が多発したり、事故を起こして保険料が高くなっていくような自動車保険でも同じです。

特に自動車台数の多い企業にとって、コストアップは喜ばしいことではありません。他の保険でコストダウンしていても、自動車事故が多発してしまえば、そのコストダウンは帳消しになるどころかコストアップになってしまいかねません。

事故を減らせば、コストダウンに繋がりますし、そのことで安心安全に繋げてくれるような動きをしてくれる生保営業マンや保険代理店が望ましいのです。

さらにコストを下げるには、病院には無縁の健康的な日常生活を送ることが必要です。病院は、社会にとって必要な機能ですし存在なのですが、極力病院を必要としない日常生活を贈ることがとても大切なのです。保険も同じです。極力保険を契約しなくてもいいようになっていただくのが一番いいのです。

そのためには、人にとってとても大切な食生活や日常生活、そして、企業は社会的責任（ＣＳＲ）を果たすための日常業務を見つめ直すことが必要となります。

ブラック企業で働く皆さんは、特に日々の積み重ねが病気に繋がることになりますので、注意が必要です。因みに、昔は好待遇で、給料の割には楽な仕事をしていた保険会社（社員）も、昨今はブラック企業になってきました。

その結果、自分の生活も不安になってきた保険会社社員も多くなってきました。自分の生活の不安を抱えているのに他人（生保営業マンや保険代理店、契約者・被保険者）のための幸せのためにどれだけ働けるのでしょうか。

第5章　保険を買う前に検討すべきこと

1　なぜ、日本の生命保険の世帯加入率はずっと90％なのか

解約・失効が多い生命保険

私が保険業界に入ったのは、昭和59年（1984年）4月でした。今年で33年目の夏を迎えていますが、当時既に日本の生命保険の個人世帯普及率は90％に達していました。

しかし、ノルマを課せられた漢字生命保険の営業部員は、時には息子ほど若い男子営業部長の命令指示のもとに、目茶苦茶言われて、発破をかけられながら、汗水を流し、時には冷や水を浴びながら、新規契約を追っかけているのです。そして、必死の思いでノルマを達成してきていることが多いのです。

にもかかわらず、33年もの長い時間が経った今も、その普及率は相も変わらず90％なのです。日々、新規契約ばかりを追っかけて、毎年なんとか予算を達成していることが多いわけですから、100％を突き出ていってもいいくらいの勢いなのですが、どうして90％なのでしょうか？

その理由は、生命保険契約を、長く継続している人が異常に少ないという現実があるのです。生命保険会社は、最低2年（24ケ月間）を超え、3年目（25ケ月間）に入ったら、最低限の利益を確保したことになるのです。月払いの契約なら「25回目」、年払いなら「3回目」までの保険料を、契約者に支払っていただかなくて保険契約が解約になると、生保営業マンや保険代理店は、「戻入金」

と称するペナルティーを生命保険会社に返済しないといけません。しかし、この期間を越えてからの解約であれば、この「戻入金」は発生しません。

生命保険会社には毎月莫大な保険料が自動的に入金になる

すなわち、この時点から、引き続き継続していただくことで更に利益を生みだし、何よりほとんど、何の努力をしなくても自動的に口座振替により貴重な「現金収入」がもたらされます。

しかし、人は必ず死亡しますので、生命保険契約が有効に継続されている限り、生命保険会社は、確率は１％の半分もない死亡率でも死亡リスクを抱えています。保険の支払対象になる死亡が発生したら、１００％保険金を支払わなければなりません。

もし、途中で保険契約が解約になっても、漢字生命保険会社は、解約返戻金がほとんど出ない保険に誘導して多く買わせています。その解約時点で利益を確定して、なおかつ、保険金の支払いを、しなくて済むわけですから「丸儲け」なのです。ただ、将来へ向けて契約１件分の貴重な現金収入は失いますが、一気に大量に解約にならない限りキャッシュフローは確保できるので影響がでることはありません。

しかし、過去において日産生命保険が倒産してから、多数の生命保険会社が倒産したことがありました。大量の解約者が一挙にでたことによるキャッシュフローの悪化が主な原因です。

生保営業マンは、「保険契約の継続を諦めて解約した人」や「他社で生命保険を継続している人」

や「初めて保険に入ろうとする人」などに対して、アプローチし保険契約を獲得するために営業をしているのです。言い方を変えれば、解約や失効・解除になった保険契約の穴埋めをするべく、必死で営業努力して、世帯加入率90％を維持しているのです。

因みに、アメリカで78％、イギリスで40％（出典　生命保険文化センター「生命保険に関する全国実態調査」）という個人年金を含む世帯加入率ですので、日本の90％という普及率は高い水準なのです。

2　なぜ、保険を買うのですか

保険は皆さんの期待に応えられないときが少なくない

当たり前なことを聞くな！　と言われそうですね。

心配であったり、不安だったり…するから、その元にあるリスクに対して、生命保険や損害保険を買うことによって、安心・安全になるために高い買い物をしているわけです。

でも、その高い買い物に疑問を抱かれたことはないですか？

これほど多くの日本国民が買っている生命保険ですが、消費者（保険契約者や被保険者）の理解が深まっていないのが、損害保険も含めた現状ではないでしょうか？　保険商品は、買ったときには「無味無臭」で、手に取って「感触」を確かめることもできないし、ましては「お試し期間」があって確認することも、残念ながらできません。辛うじて「クーリングオフ制度」がありますが、このクーリング制度でも、今お話したことは解決できません。

何度もお話していますが、保険会社による保険金不払い、未払い、医療判断による不払い…は完全に解消されないと考えています。その理由は、保険契約時に保険金を支払う仔細にわたることについてすべてが確定しているわけではないことです。そして、損害査定をするその保険会社の担当者が、対象となる事故や疾病の原因・状態など対応する約款・社内規定がどれなのかという判断をします。それから、医師による医療判断や、事故調査人、損害保険鑑定人、リサーチ会社などの調査結果などを受けて、最終的に損害査定担当者がどのような認識を持つかによって結果が違ってくることです。損害保険の査定でも、損害査定担当者全員が同じではないのです。

事故や災害が発生したり、病気を発症したり…事が起こってからしか、保険を買ったときの期待通りか否か確認することもできません。一旦、保険を買った後のことは保険会社に白紙委任しているようなものです。まさしく保険は後だしジャンケンなのです。

第６章の中で少し触れますが、保険会社は、社会状況・情勢などの変化などに事後対応できるように、保険約款や規定の中に前もって「文言や条文」を付け加えていることがあります。

ことほど左様に保険会社は油断も隙もないので、生保営業マンや保険代理店がしっかりと勉強していないと、皆さんにとって大変なことになりかねません。そして、何かあれば、保険会社は保険代理店に責任を負わせます。今回の改正保険業法では、保険代理店の立場は保険会社の保険販売代理ということが明確にされました。

保険は契約したあとは白紙委任したようなもの

保険会社は、契約して欲しい保険商品を買ってもらうまでは、低姿勢ですが、一旦、契約して保険を買ってもらったその後に起こる事故に対しては、態度が豹変します。昔なら、事故が発生して事故処理が難航すると、契約者（被保険者）を守るために保険代理店と保険会社の営業部門がともに査定部門に強く申し入れをしてきたことが多々ありました。損害査定部門の立場は弱く、「査定を考慮する」ことになることもありました。

しかし、それでは、査定部門の自立性や独自性が何もないので、営業部門が「過度な口」を損害査定に出さなくなりました。その結果、営業部門は「営業」だけになって、「事故」のことには「ノータッチ」になりましたので、保険代理店が事故のことを相談することが少なくなってきました。このことからも、とくにリテール営業部門は、保険約款に触れる機会が少なくなった要因の一つがここにあるのではないかといえます。

皆さんはできる限り安易に、安直に保険を買ってはいけないのです。保険はリスクに相応するコストだけではなく、保険会社のコストまでを負担しないと買えないわけですから尚更です。その負担を皆さんがしてもリスクカバーしなければならないのであれば、保険が必要です。今一度でも、何度でも自問自答し、行き詰まったら信頼できる生保営業マンや保険代理店に相談してください。

そして、できるだけ、保険に頼らずに生きていけるところを、たくさんつくるなどの対策を打つとか、努力などをしないと、保険会社を儲けさせることになるだけです。つまり、皆さんが損をすることに繋がるのです。だからこそ、保険約款、社内規定、会計、経理、税務処理や、クライント企業の業界の特徴や特性などに通暁している生保営業マンや保険代理店をおすすめします。

3　なぜ、穀物〈テロ集団〉を避けたほうがいいのか

保険も大切ですが食生活を見直そう

脳にとっての一番のリスクである脳梗塞、脳溢血、くも膜下出血などの脳卒中は、人間に突然襲いかかってくる病気に思えますが、実は日常生活での行動や習慣を長く続ける過程の中で、脳が変化を起こして発症するのです。

発症する「その時」は偶然ですが、原因を結果にもたらした要因は偶然ではありません。「必然」なのです。このことを知り理解した上で行動に移さず、つまり改善することなく、決して安くない高い保険料支払って「医療保険やがん保険」を契約する。そして、「その時」に備えるのは不思議な気がしてなりません。病気になっては元も子もないからです。

しかも、免責条項や支払いを制限する項目が複雑に絡まっているのが保険商品なのです。時に発症した病気や症状が、状態や状況によっては役に立たないことがあるかもしれないのです。

現代の食事の中で60％程度を占める炭水化物は、頭の中に炎症を起こして静かに燃えていきアルツハイマー病などの認知症を発症させたりしますし、それだけではなく、てんかん、糖尿病、頭痛、自閉症、うつ病、統合失調症、ＡＤＨＤ（注意欠如・多動性障害）などを引き起こします。この統合失調症の脳と小麦が与える影響について、精神科医のＦ・カーティス・ドーハン医師の研究などでその関連が明らかにされています。

犯人は、現代小麦（グルテン）が持つ異常な糖質の高さにありますが、現代小麦には、このグルテン以外の悪玉として、アルブミン、プロラミン、グロブミンなどの20％の前後の非グルテンタンパク質やでんぷん合成酵素もあります。さらに食品会社は、現代小麦に発酵膨化力を高めることで食感を良くするために、セルラーゼ、グルコアミラーゼ、キシラナーゼなどの菌体酵素を、さらに、パン生地が白くなってよく混ざるように粉末大豆を使っています。パンは他に砂糖も使いますし、調理パン、菓子パンなど美味しいものばかりですが、控えられることをおすすめします。

危険な食べ物に囲まれた現代社会

私の高校生くらいの頃は、スーパーなど小売店は年末年始を閉店していました（昭和49年（1974年）・日本におけるセブンイレブンの1号店が、埼玉県狭山市に開店）ので、母親がお正月に日持ちするお節料理やいろいろな料理を大晦日までつくっていました。

それから40数年の時を経て、今や死語になった「飽食」の社会になり、食べられるのにそのまま廃棄される加工食品が増加の一途をたどって問題になっています。その廃棄食品を食べさせられた家畜を、今度は人間が食べさせられる時代になったのですから、随分と変わったものです。

とにかく、世の中は便利になりました。24時間営業しているコンビニには、お弁当、おにぎり、パンなどのさまざまな加工食品が陳列棚に並べられています。

また、スーパーも夜遅くまで営業している店がたくさんありますし、中には24時間営業をしているスーパーもあります。他には、ドラッグストアでも缶ジュース、ジャンクフーズ、加工食品などを買うことができます。また、自動販売機もそこら中にあり、飲料水だけでなく、さまざまな商品を買うことができる時代になっています。まさに、食品で洪水のように溢れ返っているのが日本社会の現状です。

食の変化の始まりはアメリカからもたらされました。それは、吉田首相が、ＭＳＡ協定をアメリカと締結し、小麦60万トン、大麦11万６０００トンほか総額５０００万ドルのアメリカ農産物を受け入れたことに始まります。

これから学校給食にパンと牛乳が取り入れられ、サラダ油が定着し、日本の食卓は欧米化していきました。「テロ集団」とは、人類の発展のきっかけになり、欠かせない存在になった精白した小麦粉（パン、パスタ等）やお米だけでなく、健康にいいものとされている全粒小麦、全粒穀物、五穀米、七穀を混ぜたものや、生の穀物、石臼で挽いた桃穀物などを含むすべての「穀物」のことです。

戦後ＧＨＱの支配下の中で、日本で開発された背の低い「農林10号」（ノーリン・テン）をアメリカ本国に持ち帰ったあとに、アメリカの品種と掛け合わせて量を増やし、新型小麦「ケインズ」を誕生させました。

農林10号は、さらに病気に強くて大量生産ができる小麦に変身しました。今世界には多くの小麦たちは、その多くが農林10号の子孫なのです。

食を意識して保険を意識する

私は、1ヶ月に1～2回（1回当たり100g)、パスタ料理などの麺料理を自分でつくって食べる以外は、小麦の入ったお菓子類も殆ど食べませんし、料理に小麦は極力使いません。ただ、醤油とかの調味料に使われている小麦は摂取しています。

ビールなどのお酒は、月単位で禁酒したり、ほどほどに飲んだりをしていますが、体重（マイナス14kg）は無理なく減量しましたし、身体の数値も正常値とされているところにあります。完全に小麦を断たなくても意識した食生活をするだけで身体は変わるものだと実感しています。

保険は、本当に必要か不必要か考えていただくことが肝要なのと同じく、食生活も中に何が入っているかを「意識する」ことが、健康を考える第一歩になります。

そして、理想のカタチとしては、「貯金」をしながら、「医療・がん保険」要らずになっていただけたらと考えております。

4　健康維持のカギとなる五つの食材と食品添加物

①油脂は長寿のかなめ

食品添加物には気をつけよう

食品添加物については、本章の最後でお話しますが、特に人間が人工的につくりだした自然界にまったく存在しない化学合成物質の食品添加物は、体内に入ると「異物」として血流に乗ってどこにも吸収されずに、身体中をグルグルと、くまなく回って最終的には腎臓を通過して対外に排出されます。

この中で血管に送り込む肝臓と排出する腎臓への負担が大きいので、その悪影響が懸念されています。かたや、天然の食品添加物はこのような心配はないのですが、絶対であるということはなく、身体に良くない天然の食品添加物があります。

炭水化物の食品が多い現代社会

前置きが長くなりましたが、油脂でも同様に、「天然物は身体に良いが、化学物質は良くない」と言われたりしていますが、天然物も一定の化学構造をもつ化学物質です。人類が最も古くから利用してきた天然の化学物質が、「油脂」なのです。

人にとって、「油脂」は日常活動の中でその原動力になってきたもので、祖先の人の食生活での、3栄養素の油脂（脂質）、糖質（炭水化物）、タンパク質の割合は、油脂（脂質）が75％、糖質（炭水化物）5％、タンパク質が20％だったのです。

それが、小麦の発見と栽培と共に人類は繁栄してきた現代の食生活での3栄養素の割合は、油脂（脂質）が20％まで縮小し、その代わりに糖質（炭水化物）60％を占めるようなりました。タンパク質は変わらず20％となっています。

摂っていい油脂といけない油脂

1960年代に動物性の脂は植物油より血中コレステロールが高くなるというアメリカの実験データを、日本政府がそのまま引用して、「動物性の脂を減らし、リノール酸系の植物油を増やす」という栄養指導がされてきました。その後の研究で長期的にみればコレステロールの値に差がないことがアメリカで判明したので、アメリカでは修正されました。

しかし、日本では、「植物油＝健康」というイメージが残っていまして、修正されずに現在でもたくさん売られています。

人にとってとても大切なのは体内でつくれない「必須脂肪酸」です。多価不飽和脂肪酸のオメガ6（リノール酸）とオメガ（αリノレン酸）です。オメガ6は炎症を促進し、オメガは炎症を抑えるというまったく正反対の役割を持っていますので、両者ともバランスよく摂る必要があります。

オメガ6は普通に生活していたら、いつでも摂取していますので、意識的にオメガ3を摂取すると、バランスよくなります。オメガ6は、ひまわり油、ごま油、綿実油、紅花油などが、オメガ3には、あまに油、えごま油、しそ油、チアシードなどがあります。他には、一価不飽和脂肪酸のオリーブオイル（エキストラバージンオリーブオイル、ピュアオリーブオイル）や、飽和脂肪酸のギー、ココナッツオイルなどの摂取がおすすめです。

また、バターも同じ仲間ですが、天然のトランス脂肪酸が１００gに対して、２g前後を含有しています。ただ、乳製品ですのでほどほどがいいと思います。しかし、次にお話しますマーガリンより断然に良い食品です。

次に、絶対に身体に悪い食品をついてお話します。

プラスチック食品は危険

アメリカで全面禁止されたトランス脂肪酸を使用した加工食品が日本では、何の規制もされずに売られています。これは、高価なバターの代替品として、工業製品ラインのような製造過程で、「水素を添加」してから商品化しますので、「プラスチック食品」と呼ばれています。

因みに、マクドナルドのポテトも「プラスチック食品」と呼ばれています。このマクドナルドのポテトを長期間にわたり放置していても、腐敗しないことからも、食品とは呼べそうにありません。

その他にはショートニング、ファットスプレッドなどがあります。これらも同様に危険がいっぱいですので注意が必要です。

体に良さそうなサラダ油やキャノラー油…実は

サラダ油やキャノラー油は、複雑に加工処理された「植物油」で、テレビの料理番組でもサラダ油などはよく使われていますし、販売価格も安いので魅力的ですが、買ってはいけません。

サラダ油は、オリーブの実、大豆、菜種などの「実、豆、種」を洗って、潰して、混ぜて炭化水素剤に浸してからたくさんの工程を経て生産されています。

さらに、その工程の中で、ノルマルヘキサンという毒性の強い化学溶剤を使い、そして、酸化防止剤や漂白剤などを添加した上で販売されているのです。

このサラダ油などの代わりに、私が使っていますのが、「こめ油」です。

こめ油は、玄米を精米する際に発生する米ぬかの中に約20g含有され、オイレン酸、リノール酸が主体となっています。そして、こめ油特有の微調成分としてγ-オリザノールも含有し、その他には植物ステロール、トコフェロールなどの不ケン化物が多いのが特徴です。フライパンなどでの炒め物や天ぷら、カツ、唐揚げなどにも使っています。その他には、「ごま油」「ココナッツオイル」もいいですね。

食用油などがプラスチック容器の色付きペットボトルが軽くて使い勝手がいいのでスーパー等の棚に並ぶようになりました。しかし、気密性と耐光性に優れ、保存安定性のある色付きのガラス瓶に入ったコールドプレス（圧搾法）された商品がおすすめです。

②砂糖は老化を早める
砂糖中毒になっていませんか？

イライラしたり、疲れたりすると、つい甘いものが食べたくなりませんか？ 忙しい日々を送る皆さんが、「自分へのご褒美！」と言って、スイーツなど食べていませんか？ 明日からダイエットするから今日は食べようと言って、チョコレートを食べていませんか？ そして、食べ終わったあとは、落ち着いてきて、「ふーっと」一息ついていませんか？

甘いものは、太るからダメとわかっていても、つい食べてしまうのが「甘いもの」ですね。直後はいい感じなのですが、ほどなくして眠気に襲われたりしませんか？ 仕事が手につかないくらい倦怠感にさいなまれたりしませんか？ それでも、また、甘いものに手を伸ばしていれば、「砂糖中毒」になっているかもしれませんよ。

酸化（劣化）コレステロールは危険

お昼になると、牛丼などのチェーン店、イタリア料理のチェーン店や、お弁当、おにぎり、お茶などの飲料水などを買い求めるサラリーマンやＯＬで、千客万来の状態になっています。便利になった格安で美味しく創り上げた食品を、いつでも買って食べることができる時代になりました。しかし、この便利さと引き換えに人の身体は悲鳴をあげています。

例えば、コンビニで売っているお弁当一つとっても、使われている食品添加物の多さには驚きますが、何も気に留めず手に取ってレジに並び、「温めますか?」と、店員に問われて、「はい」と当然のように言い…、ごく日常の光景ですね。

ここで、問題になるのが「酸化（劣化）コレステロール」ですが、例えば、特に油を使った揚げ物やフライ物、トンカツなどのお弁当などを「チン」して再加熱すると発生するのです。普通にそのまま食べても、唐揚げとかフライ物とかトンカツ、チキン南蛮とかは酸化していますし、食品添加物のこともあり、それほど身体に良いとは言い難い上に、「チン」してしまうと身体にはもっと悪い影響がでます。体内に入ると、正常（通常）のコレステロールより酸化ＬＤＬというリポ蛋白になり、脳梗塞や心筋梗塞に繋がります。また、特に肉や油、バターなどをフライパンなどで加熱して料理しますと、タンパク質と糖が加熱されるとできる物質である「終末糖化産物」（ＡＧＥｓ）が発生します。これは一定の許容量を超えると、脳梗塞などの脳血管障害、白内障、骨粗しょう症など、身体のあちらこちらで悪影響を及ぼす毒性のある物質です。

この物質は、煮たり、茹でたりしてつくった料理には一切発生しません。

人工甘味料にも注意が必要ですよ!

「ゼロカロリー」「ノンカロリー」の飲料水や食品は、健康ブームにのってたくさん売られるようになりました。これも身体にとっては危険なのです。ここで使われる身体に悪い砂糖より危険な人工甘味料は、飲料水やお菓子など多岐にわたり使われています。

食品会社は、皆さんの健康を願って食品を製造し、世に送り出しているのではありません。このことは、保険会社にもそのまま当てはまることなので、大変危惧しています。消費者のニーズであるからといって健康にいい影響を与えない食品を製造したり、より売れて利益が出るように工夫したりすることが、安全性をおろそかにすることに繋がり、その結果、危険性が疑われる事態になるという構図も、保険会社についても同じことがいえます。

人工甘味料として、留意しなければいけない代表的なものについて本書では個別に触れませんが、果糖ブドウ糖液糖、果糖液糖、異性化糖、アスパルテーム、スクラロース、アドバンテーム、アセスファムＫ（カリウム）、そして、サッカリンナトリウムがあります。

砂糖や炭水化物等の糖質の高い食べ物を摂取すると血糖値が上昇しますので、インスリンが分泌をして血糖値を下げようとします。冒頭でお話したように、このときに眠気や倦怠感に襲われることがあるのです。

砂糖は上白糖、グラニュー糖、三温糖、白ざら糖、中ざら糖、和三盆、氷砂糖、黒砂糖、きび砂糖、てんさい（ビート）糖、角砂糖などたくさんあります。ミネラル面では、黒砂糖やきび砂糖、てんさい（ビート）糖がおすすめですし、血糖値の面では、てんさい（ビート）糖がおすすめです。私は、きび砂糖やてんさい（ビート）糖や、砂糖の代わりに蜂蜜やメープルシロップを使っています。

いずれにしてもほどほどに使い摂取することが肝要です。

③塩で長生き…でも見えない塩は命にかかわる

敵に塩を送る

日本人の塩分摂取量は、ＷＨＯ（世界保健機関）の定める基準値である「1日5g未満」よりかなり高いのです。平成27年（２０１５年）４月に、厚生労働省の「日本人の食事摂取基準」によりますと、男性は８ｇに、女性は７・５ｇとなっています。世界の基準よりもかなり高いことがわかります。

スーパーに行くと、健康を意識した「減塩」と謳った食品をよくみかけます。「塩」は身体によくないといわれます。塩分の取り過ぎは高血圧などの病気の原因となり、脳梗塞や心筋梗塞やがんなどになるリスクもあります。しかし、世界の基準をキャリーオーバーしている日本人の塩分摂取量なのに、２０２５年問題といわれていますように、あと8年あまりで日本の後期高齢者は5人に1人になるほどの世界一の超高齢化社会になります。

「敵に塩を送る」、これは、武田信玄の甲斐の国が海に面していないので、領民が塩を摂ることができずに苦しんでいました。このことを知った武田信玄の好敵手で、義を重んじる上杉謙信は、敵である甲斐の国に「塩」を送り、武田信玄と領民を救いました。熱中症対策にも、水の他に「塩」を摂ることが良いといわれています。生きていくには、絶対に身体には必要な塩なのに、命を落とすきっかけにもなるのもまた塩なのです。

糖質の塊である白米を寒冷地の米どころでは、美味しい炊きたての熱々に新米に、漬物をのっけて食べられていますので、長生きしていないという事実があります。糖質と塩分の摂り過ぎが、命を短くするという証左なのでしょう。

精製された塩を避けよう！

精製して白くなった食品や食材は身体によくありません。例えば、砂糖や塩、そして、白くはないですが精製された油もそうです。では、色の付いている三温糖は良さげに思いますが、グラニュー糖や上白糖を精製した後に残った糖蜜を数回加熱し、カラメル成分が形成されています。

世の中に蔓延している「見えない塩」は、コンビニやスーパーで売られている食品にたくさん含まれています。お弁当やおにぎり、ファーストフードなどのジャンクフード、加工食品、カップラーメン、冷凍食品やポテトチップスなどには、消費者の想像をはるかに超えた塩分が使われています。その他には、「保存料や防腐剤などの添加物を不使用」と謳うと、消費者の目に留まりやすいのですが、食品の日持ちが短くなる対策として「塩」使うということにも繋がります。

学生時代にポテトチップスを製造する工場でアルバイトをしたことがあります。スライスされたじゃがいもを油で揚げて振動コンベヤに乗せて、塩味やコンソメ味にしたりするわけです。大量の塩が使われています。１日の製造が終わると、振動コンベアを清掃するのですが、油まみれになった塩は重く濃縮しています。この塩分濃度の増した塩は、一般ゴミではなく、「産業廃棄物」として専用の袋に詰めて処分します。

因みに、当時、できたてのポテトチップスが黒くなったものは視認して撥ねるのですが、パートのおばちゃんに、出荷できるポテトチップスを食べてみたらとすすめられて、一つ摘まんで食べてみましたが、美味しかったことを覚えています。店頭に並んでいるポテトチップスなんかより、はるかに美味しかったのです。

『塩分が日本人を滅ぼす』（幻冬舎新書）の著者、本多京子さんによりますと、「アメリカの穀物協会は２０４０年には、日本人が口にしている食品の７割が、家の外でつくられたものになる可能性があると予測しています」と述べられています。

夫婦ともに残業もしながら働いて、夫婦合わせてやっとの収入を確保している家庭もあります。家で、夫婦が揃っているとか、子どもたちも一緒に家族全員が揃って晩ごはんを、家でつくって楽しむという時間が激減してしまいました。

帰宅途中に、出来合いの総菜やお弁当、中食、レトルト食品、冷凍食品を買って、電子レンジでチンして済ますことが多くなってきました。

食品会社も手軽に簡単にできる商品開発に余念がなく、ますます、家で料理をつくらなくてもいいような商品を、次から次へと世に送り出してきます。

見えない塩に気をつけよう！

海の水を蒸発させて手間を積み上げてつくられる塩は、ミネラルがたっぷり含まれています。また、もともと、海だったところが隆起した岩に自然にできる岩塩でも、海の自らつくる塩ほどではありませんが、ミネラルが含まれています。

加工食品などに使われているのはこのような塩でなく、精製塩が使われます。この精製塩とは、そのほとんどが塩化ナトリウム（ＮＡＣＩ）で構成されている化学薬品のような物質なので、できるだけ避けられることをおすすめします。値段は高くなりますが、健康には代えられません。

④白米が健康寿命に影を落とす
江戸わずらいって何？

皆さんご存じのように、玄米から種皮・外胚乳・胚芽などを綺麗に取り除くために、精米したのが白米で、その精米した白米には、わずかに食物繊維はあるものの、取り除いた部分に含まれていたビタミン類はすっかり姿を消してしまいます。白米は、糖質とわずかな食物繊維からなる炭水化物だけになってしまいます。江戸の上流階級を中心に食べられていた精米した白米ですが、精米技術がよくなり精米した白米が江戸時代になって普及しはじめました。参勤交代で江戸に上った大名たちがビタミンＢ１不足によって起こる「脚気」になり体調を崩していましたが、地元の藩に帰ると元気になっていました。このようなことを「江戸わずらい」といいます。

白米を美味しく食べるためにおかずがある日本の食事

日本人の食事は、白米を主食として位置づけ、基本的に白米とおかずで、ご飯を食べるために脇役としておかずがあります。白米は、噛めば噛むほど甘みを感じますが、基本的には無味ですので、この白米を美味しく食べるために、「おかず」を考えるというスタイルなのです。丼物、寿司、カレーライス、各種定食物のとおり、「白米とおかず」が基本となっています。

「今日の昼ご飯」は何にしようかなと言って、パスタとパンだけを食べたりします。日本人の食事の基本は、白米といえます。

ところで、糖質の吸収度合いを示すものにＧＩ（グリセミック・インデックス）値で、チョコレートは「91」なのですが、「その砂糖菓子」のチョコレートに次ぐのが白米で、なんと「81」もあります。因みに精米していない玄米でも「54」あります。白米の摂り過ぎには、警戒が必要です。

⑤牛乳・乳製品を摂ったら病気になるかもカゼインフリーって何？

日本人にとって最も不向きな食材が牛乳を含む乳製品なのです。牛乳に含まれるたんぱく質の一つにカゼインナトリウム（ＮＡ）がありますが、牛乳に含まれるたんぱく質の8割を占めます。このカゼインは粘り気が強くて固まりやすい性質をもち、腸から栄養が吸収されにくく、腐敗しやすいのです。さらに、粒子が非常に細かいので、簡単に腸壁を素通りして血管内に入り込みます。血液を汚すカゼインは、体内からは異物とみなされアレルギー反応を引き起こすのです。この牛乳アレルギーと乳製品アレルギーはカゼインによるもので、アナフィラキーショックを引き起こす可能性もあります。

牛乳をはじめとする乳製品は、健康に良いイメージを持ちがちですが、真逆です。余談ですが、以前に雪印の食中毒事件が起こりましたね。報道も加熱していましたが、そんなおりに、エレベータに乗り込む社長が記者からの問いかけに答えた中の一部の言葉が、話題になりました。

確か、「私だって寝ていないんですから…」、マスコミは怖いですね。私はこの報道をテレビで観て、それまでに「雪印の美しい」ブランドイメージが吹き飛んだことを覚えています。

原因は、私が勝手に抱いていた「雪印」のブランドイメージと、社長のお姿やご発言などがリンクしなかったことです。

嗜好品として摂取することがいいかも！

がん予防の権威であるエプスタイン博士は、牛乳に含まれるホルモン成分を指摘し、乳がんや大腸がん、前立腺がんになるリスクを報告しています。カゼインが、皮膚を通して対外に出される場合は、湿疹やアトピー性皮膚炎になります。しかし、体内に蓄積されますと、女性の場合だと、乳房に蓄積され、乳がんのリスクを抱えますし、男性の場合だと、前立腺がんのリスクを抱えます。他には大腸がんや白血病の発症リスクも抱えます。

さらに、子どもの発育にも悪影響を及ぼします。人の赤ちゃんに与え育てる「母乳」は、血液みたいなものです。かたや、牛の赤ちゃんに与え育てる「牛乳」を人間が飲めば身体に変調をきたしても不思議なことではありません。

カゼインこそ、牛乳の害の元凶であり、病気の原因になるものです。

アイスクリーム、ゼリー、食肉、魚肉練り製品や缶コーヒーにもカゼインは使われています。原材料名の表示は、カゼインナトリウム（乳由来）や、カゼインNA（乳成分由来）と表記されます。

このような牛乳や乳製品でも危険だとは正式には指摘されることなく、「身体に良いもの」としてたくさん販売されています。でも、私はチーズやバター、そしてヨーグルトは美味しいですので、危険だということを意識した上でリスクテイクして、嗜好品として料理に使っています。

豆乳も同じように乳製品ですから同様のリスクがあるということを認識しなければなりませんし、原料の大豆はＧＭＯ作物が多いので、別の意味でも警戒が必要です。

⑥食品添加物で舌の味蕾が壊れていく料理を自分でつくるようになって気づいたこと

食品や食品添加物に関心を持つようになったのは、既にお話ししましたように妻の突然の死でした。急逝心筋梗塞で突然倒れて、56時間後に亡くなりました。それから本書を執筆している7月に七回忌の法要を終えました。この丸６年間の道のりは長かったですが、振り返れば、あっという間のことに思えます。この妻の死は、私の人生観を大きく変えるきっかけになりました。
最も頼りにしていた妻の急逝は、明日を生きることは誰にも保証されていないことに強く気づかされました。このことがあったので、社会人になって元々好きだったのに、時間がないことを理由に年間数冊しか読まなくなった小説などの読書を再開しましたし、同じ理由で止めていた写真撮影も再開しました。

当時、今まで家事や子どものことなどは、妻に任せっきりで何もしてこなかったので、マイナスからのスタートでした。仕事との両立はきつい日々が今でも続いていますが、一番大切な子育てや、家事の中でも、特に料理や子どもの弁当は手抜きせずに、自らつくることを日課にして日々取り組んでいます。そこで、自分が料理を始めると、真っ先に気になったのが、食品の包装材、パックなどの裏側に目を移したときに飛び込んできた食品添加物の羅列が何行にもわたって記載されているのです。それまでは、何の疑問も抱かず、イメージだけで食品添加物は良くないと思っていました。ただ、妻がつくってくれた料理や、コンビニで買った弁当などを別に気にすることなく、パクパクと食べているだけでした。しかし、自分が料理をつくることになって食材、食品と向き合ったときに、こんな添加物まみれの食材や食品を子どもに食べさせるわけにはいかないと思いました。それから、仕事の傍ら食材や食品、料理のことなどを勉強しました。

特に料理は、誰に教わることもなくですが、正確には、仕事を抱えているので教えてもらうための時間が取れなかったというのが正しいのです。自己流で失敗を重ねながら挑戦を続けています。

食品添加物は必要…だからこそ意識することが大切

今の日本社会で、食品添加物は必要悪な面がありますので、100％避けることはできないと思います。しかし、大人の場合なら、身体に良くないとされる食品添加物であっても、意識した上で摂るのは構わないと思いますが、子どもには摂らせるようなことをしてはいけないと思います。しんどくても、自らの手でつくった美味しい料理を食べさせないと、食品会社の思惑に嵌まってしまうことになります。

ゼロカロリー、糖質ゼロ、糖類ゼロに使われている食品に使われる「人工甘味料」や、「化学調味料」「たんぱく加水分解物」、「酸味料」、「増粘多糖類」、「精製食塩」、「ブドウ糖果糖液糖」などやジャンクフードなどは危険がいっぱいです。

こういうものなどに食べ慣れてしまうと大人になっても食べ続けることになってしまうのです。食品会社にとっては将来の売上を確保したことになるのです。

レトルト食品のハンバーグや肉団子も、ウィンナーやハムも食べなくなりましたので、お弁当にも入れません。それで、去年、レトルトパック詰めの「肉団子」のいただき物があったので、棄てるのももったいないので、娘に内緒でお弁当に詰めました。

部活を終えてその日の夜に帰ってきた娘が、「今日のお弁当の肉団子やけど、薬臭かった…、お父さんがつくったのと違うでしょ！」と言われました。

味がわかる子に育ってくれたのが嬉しかったですね。

第6章　売れているからといって良い保険商品ではない

1　どこの生命保険も似たり寄ったり、選ぶのは至難のわざ

どこも似たり寄ったりの医療・がん保険

生命保険の第三分野といわれる医療保険やがん保険だけでも、一つの生命保険会社だけでも数種類の保険商品が販売されていますから、日本国内で販売されている全生命保険会社の保険商品を合せると100種類程度はあると思われます。

そんな中から一つを選んで保険を契約することは大変なことですし、もし保険商品を選んで契約しても、数年後にはまた新しい保険がカタチを変えて世にでてきます。

保険会社が販売している保険商品を比較して載せている本がたくさん本屋さんに並んでいますね。どこの保険商品がお得とか、どこの保険料が安いとか、いろいろ事細かに紹介されています。

しかし、その本を見て、そこから一つを選びきることができる人がどれだけいるのでしょうか？

1社専属の生保営業マンや保険代理店だと、一つの保険会社の保険商品から保険を買うわけです。基本的には、リスクごとに決まった1種類の保険商品を（特約など脱着で多様化することはできます）保障内容のグレードを選んで保険商品を買うことになります。

かたや、複数の保険会社の保険商品を取り扱う生保営業マンや保険代理店からは色々な保険会社の保険商品を見比べて買うことができるわけですが、本当に保険が要るのか要らないのかという観

点での検討を余りせずに、生保営業マンや保険代理店のおすすめの保険商品を買う傾向があります。

それは、人は選択肢がたくさんあり、その内容の良し悪しの判断が難しくて、それが難解であればあるほど人は、自分で考えることを放棄してしまい、それを相手に委ねてしまう傾向にあるからです。

販売する保険商品は大はばに偏っている

生保営業マンや保険代理店は、まんべんなく保険会社の保険商品を売ることは少なく、自分の好きというか、得意としている保険会社１社か数社程度の保険商品を売ることが圧倒的に多いのです。

そういうことがあって、複数の保険会社を取り扱う乗り合い保険代理店に対してメスが入りました。今年の5月29日より施行された改正保険業法で、比較推奨義務が課せられたのです。

しかし、週刊ダイヤモンド（２０１６／４／23号）にて指摘されていますが、改正保険業法の施行を目前した時期にでも、生命保険会社からの手数料や販売量に応じたインセンティブを目当てに、偏った販売を続ける乗り合い保険代理店のＦＰグループ（黒木勉ＣＥＯ）のことが取り上げられていました。さすがに改正保険業法施行後の今は、比較推奨義務などはクリアしているはずです。そうしないことには、営業を続けていくことができなくなるわけです。

しかし、各生命保険会社の現場での保険獲得競争は厳しいものがありますので、生命保険会社からのインセンティブの提供は出ているのでしょうか？　どうでしょうか？　わかりません。

どういうカタチにしろ、生保営業マンや保険代理店が、皆さんに生命保険商品を新たにすすめるときは、義務になったので、必ず比較説明や推奨理由などはしてくれます。しかし、皆さんはしっかりと質問しながら確認してください。もちろん、新たにすすめられた損害保険も同様です！

2　ギャンブルや宝くじよりも確実に得する生命保険会社

生命保険会社が儲かるワケ

人生に寄り添うように30数年以上にわたって長く生命保険料を支払い続けなければならない生命保険商品は、よく人生で2番目に高い買い物といわれています。因みに1番目は住宅ですね。

長く継続性の高い生命保険を販売する胴元である生命保険会社は、絶対に倒産するわけにいきません。

第1章の「人は簡単に死なない」でお話ししましたので詳しくは触れませんが、厚生労働省は、健康的な人生を送った人も、不健康的な人生を送った人も関係なく、合算した結果の死亡率を公表しています。それをアクチュアリー（保険数理）が生命保険会社死亡統計を基に死亡率を計算しますので、厚生労働省の死亡率よりも高くなります。その高くなったアクチュアリーの死亡率に生命保険会社が更に盛って死亡率を計算します。

生命保険会社が倒産することなく安全に運営されることが求められていますので、「安全割増」

を加算していますし、生命保険会社の必要経費なども加算されているなど、盛られている死亡率を基に生命保険商品はつくられています。しかも、不健康な人は生命保険を契約することすらできないような生命保険を契約した瞬間から、損をするわけですから、皆さんが絶対に得することは、あり得ないわけです。

このように、普通にしているだけでも儲かるしくみになっているのに、欲を晦ましてさらに儲けようと、高利回りの保険商品を次々に世に送り出し、たくさんの保険契約を獲得しました。しかし、バブルも崩壊して逆ザヤに苦しめられた結果、８社もの生命保険会社が倒産したのです。自業自得ではありますが、付けを回され多額の損を被ったのは契約者のほうです。

さらに生命保険会社が逆ザヤ解消のために、契約者にしたことが「転換」なのです。バブル崩壊後に株価や地価が下がり、金利も下がり、この逆ザヤが生命保険の財務基盤に大ダメージを与えてしまいました。この転換は高利回りの保険商品から低い利回りの保険商品に切り替えることでした。

このような契約者に不利なこともやってしまう生命保険会社が販売している保険商品を、それでも、不安や心配が解消させるために保険契約をしなければならないのか？　と考えてみてください。

保険は最後の選択肢なんですよ

第１章の「保険はギャンブルでも宝くじでもなく投資だ」でお話ししましたとおり、夢や目標に向かっていくために保険が必要なら生命保険を買ってください。

例えば、子どもが小学生に入学したら「学資保険」を契約しなければならないような勢いで生命保険契約のことを考えるのではなく、「貯金」で賄うことはできないのか？　絶対に得をしないしくみになっている保険商品が本当に必要か？　という観点からよく熟考してみてください。

その結果、どうしても保険契約をしなければならない理由が見つかったら、保険会社ではなく、まず信頼できる生保営業マンや保険代理店に相談してみてください。それで、すぐに保険契約するのではなく、しっかりと検討して、何度も言いますが、生保営業マンや保険代理店の保険募集人の顔が歪んで嫌がるくらいの質問をしてください。

質問の内容は、保険契約締結や保険内容などのことやそのしくみなどに関わること、それから、保険金の支払いのこと、支払いできないことなどです。

もし、嫌な顔色や顔つきになったら、そこから保険を買わないほうが賢明です。いざというときに力になってくれるのは保険会社ではなく、生保営業マンや保険代理店なわけですから。

3　売っているから売れている保険商品

売りたい保険商品のニーズを喚起して売っている

保険会社は皆さんに売りたい保険商品をつくって、生保営業マンや保険代理店を通して販売しているのです。

特に長く保険契約を継続することになる生命保険は選択を間違うと、何度も何度も繰り返しいいますが、普通に保険を契約しただけで得しない生命保険なのに、さらに損を重ねてしまいます。そんな中でも、皆さんに少しでも有利な保険商品はありますが、それよりも生命保険会社は有利な保険商品を販売したいのです。

つまり、生命保険会社に利益率の高い保険を販売するために、販売手数料を調整して生命保険会社にとって利益率の高い保険商品に誘導するのです。

お客様にとってメリットのある保険商品は売らないように低い販売手数料にしますし、逆に、生命保険会社にメリットある保険商品には高い販売手数料にするのです。

そうしますと誰だって、生きていくためには、販売手数料の高い保険商品を販売するようになるのです。凄く簡単な理屈でしょ！

さらにそれを確実なものにするために、保険キャンペーンを展開して、販売奨励金やボーナス手数料や旅行や豪華商品というニンジンをぶら下げて営業推進しているのです。

生命保険会社の中でも特に大手４社（日本生命、第一生命、明治安田生命、住友生命）などは、厳しい競争を勝ち抜くために主力商品を開発し、営業の現場に送り込んでいます。

この保険商品を如何に売り込むかということを念頭に置いて集中して、日夜走り回っているのです。皆さんが率先して契約しているから売れているわけではないのです。

大手生命保険の主力商品は「幕の内弁当」？

大手生命保険会社の主力商品は、特約が絡み合ってつくられていて、パッと見てその内容はもちろんのことですが、万一のときにどれだけの保険金や給付金が支払われるのか？　理解している人はどのくらいいらっしゃるのでしょうか？　保険業界33年目の私が見てもわかりにくいのです。

それは、多種多様な保障（死亡、三大疾病、介護、年金、医療、がん、事故などの保障や特約）を一つのハコの中に詰め込んでいるからです。すぐに保険を使うようなことになったらまだしも、契約してしまうと生命保険のことは気にしなくなり日常生活を送ります。大抵何かあるというのは保険契約を何年経ってからということが多いと思いますし、保険内容がわかりにくかった上に、保険金を請求するときにはすっかり忘れてしまっているなんてことが起こるのです。

結局、支払われると思っていたものが保険金の支払対象外だったり、特約のことを忘れてしまっていて保険金の請求をしなかったりすることなどが起こってしまうのです。

こういうことを解消すべく大手生命保険会社では、カタチを変えて新商品を世に送りこんできますが、主力保険商品の基幹を成すのは、定期付き終身保険なのです。

日本生命保険の「ニッセイみらいのカタチ」という名の保険商品で、特徴としては、最初から完全なハコに詰め込んだのではなく、それぞれの保障や特約の「単品」を選んで新しいハコに詰め合わせるカタチにしたものです。

しかし、完全に自由に設計ができるわけではなく、数ある特約の中から四つの特約を一つ選ばないと次に進まないようになっています。つまり、保険会社が買ってほしいと思う保険の選択肢を与えて強制しているのです。自由設計でも何でもありません。

4「解約をしたら損ですよ」というのはウソ

販売手数料戻入制度は厳しいペナルティー

生命保険契約は継続することはかなり難しいのです。終身保険を25歳で契約をして55歳満了（短期払い）までの30年間一度も口座振替不能なんてことも起こさず３６０回支払い続けていただいた方が私の担当するお客様にいらっしゃいます。途中で解約に至るケースが多い中で、すごいことなのです。

ところで、契約後の2年間（24ヶ月）までは生保営業マンや保険代理店は気が気でありません。もし、この期間に解約が発生したら生保険会社からペナルティーの請求があり、支給された販売手数料などを返金しなければなりません。

大口契約をいただければいただくほど大変なことになるのです。その境目が丸2年間(24ヶ月間)ならアウトで、3年目（25ヶ月目）に入ったらセーフになります。

これ以降は、生保営業マンや保険代理店は一息つくことができますので、契約者への接触度は薄くなりがちになります。

生命保険の早期解約を回避しなければならない理由

生命保険は毎月一定以上（ノルマ）の新規契約を獲得し続けられないと、各種手当がつかなくなったり、販売手数料が下がったり、生命保険募集人としての契約を更新できなくなることがあります。

そういう環境下に身を置いているため、新規契約を常に追いながら、契約の早期解約（2年以内）は何としても防がなければならないのです。

これは、「生命保険契約の募集販売活動が適切に行われているかを否か」をチェックする目的で、金融庁が生命保険会社に契約継続報告を求めています。早期解約が多い生保営業マンや保険代理店には、生命保険会社から、「強引な契約の仕方をしているのではないか？　日常営業活動の取り組み姿勢・態度などに疑いの目を向けて指導が入ります。この早期解約率が一定量を超えると、ペナルティーとして販売手数料率のランクを下げられます。

解約したら損ですよと言ってくれたり、いろいろ気にかけてくれたりするのは決して契約をされている皆さんだけのことを思ってくれていただけではないのです。

5　生命保険の営業成績の悪い人は人がいい？

人がいいだけでは通用しない保険営業の現実

特に漢字生命保険やカタカナ生命保険・外資系生命保険の生保営業マンの競争は激烈で、1年後には10％程度の人数しか残っていません。常に新規契約を追いかけ保険契約を獲得し続けることの厳しさであり難しさの証左であります。

生命保険に限らず、損害保険でもそうですが、この仕事は一般的にいって、結構しんどい仕事の部類に入ります。その仕事を更に、難しくてしんどくさせているのは生保営業マンや保険代理店自身なのです。正確にいうと、追い込みをかける生命保険会社や損害保険会社なのですが…。

どういうことかといいますと、それは、「保険契約」を求めて、人や企業を追っかけ過ぎることがことに尽きます。追っかけたら人は逃げます。ノルマの厳しい生保営業マンたちは、常に追っかけています。そうしないと生保営業マンとしての契約更新ができなくなるから必死なのです。

そんな中で勝ち残って今があるのですから、ある意味において「営業」ということに関してはすごいことなのです。決して、「人がいい」というだけでは全く通用しないのです。もっというと、「人がいい」は棄てなければ、勝ち残るどころか、生き残っていくこともできません。

では、保険の営業を離れて、平穏な仕事につきながら、日常生活を送ると、今度は、海千山千の猛者たちが「人がいい」キャラクターに襲い掛かられて餌食になることもあります。

『営業と詐欺のあいだ』(坂口孝則著　幻冬舎新書)は、『世の中には2種類の人がいます。「お金を奪う人」と「お金を奪われる人」です』から始まります。

何年か前に読んだのですが、タイトルも鮮烈で、始まりのインパクトもあり面白い内容のご本でした。

ところで、勝ち残ってきた中でもトップの成績を維持し発展させている生保営業マンからは保険を買ってはいけません。彼らの思考は、「契約を獲得する」ことを軸にして、すべての行動を起こしているからです。既に、第2章でお話しました「聞き上手」は最大の武器なのです。保険契約までのプロセスにおける経験値も豊富で何パターンもあります。

まず、無駄がありませんし、効率的ですし、気の利いたことは自由自在に表現できます。しかもごく自然に違和感なくやれます。まして営業成績トップクラスに常にいる営業ウーマン・営業マンから自然に出てくる「笑顔」は勝者の証しです。

一方、「人がいい」だけの営業成績の悪い生保営業マンにはそんな笑顔は残念ながら出ません。営業成績がいいと益々好循環になりますが、営業成績が悪いと益々悪循環になります。だから、成績が良ければいいほど保険契約が雪だるま式に大きくなっていきます。一方、成績が悪ければ悪くなるほど、保険契約が雪だるま式に小さくなり溶けていってしまいます。

優績者が普通に行っている主な特徴

営業成績のいい生保営業マンは「いい人」と思ってしまいますし、見えてしまいます。

その特性については次のようなことがあげられます。

①素敵な笑顔であること

②仕事に忠実・誠実であること

③保険商品を売ることに関してとても詳しいこと
④保険営業に関するレスポンスがとにかく素早いこと
⑤保険契約の強要をしないこと
⑥すべてにおいて余裕があること

売れている生保営業マンはガツガツしていません。びっくりするくらいソフトで自然体です。いつでも断れそうな気もするくらい「いい人に」思えてしまうのです。

また、「オレオレ……」と言って、振込み詐欺の被害に遭ったニュースなどや見ていても、「自分はそんな目になんかに遭わないぜ！」なんて調子でいる人ほどいつの間にか相手の術中に嵌まっていたりするものです。「いい人」だなって思ったら、必ず質問してください。

何度も言っていますが、営業面に鍛え上げられた「いい人」は専ら売ることに集中するあまり、他のことには苦手としていることがあります。保険約款や支払いに関することをしっかりと質問してください。しっかりとした受け答えができなかったりしたら、「いい人」のイメージも崩れたりしてくるでしょう。保険の仕事は保険金をお支払いするときがすべてです。そこのところに精通・通暁していないなら心もとないことになります。

私の大手保険代理店のサラリーマン時代に、社内での会議だったか、研修だったか、忘れましたが、「だって、女優…なんですから」美人の女子社員が言い切りました。20数年前のことですが、印象に残っています。

男子は当然男優なわけですが、俳優は夢を売ることが仕事です。保険の営業も同じです。夢や目標を叶えるためにその裏支えをすることが保険の使命です。そのためにポジティブに演じ切らなくてはなりません。

保険の場合は、ご縁が続く限り永遠に続けなければなりません。それが保険の買い手に対する売り手の責任です。そして、万一の事故のときに約束したとおりに保険金を支払うように努めることができて初めて、一つ約束を果たしたことになります。

6 妻の死は思いのほか重い

共働き世帯数の増加に伴い住宅ローン返済リスクが拡大へ

内閣府男女共同参画局によりますと、共働きの世帯数は、2000年頃を境に夫だけが働く世帯を逆転し、2013年には1065万世帯が共働きになり、745万世帯が夫だけが働く世帯になりました。ローンの組み方も、団体信用生命保険も私が家を買った23年前頃とは変わってきました。

次のとおり3つのパターンがあります。

①連帯保証型

妻の収入を合算して、夫一人で住宅ローンを組みます。妻が連帯保証人になる形態で、妻が借入人にならなくても借入額を増やすことができます。しかし、主債務者（夫）の返済が滞った場合は妻が全額の支払義務が生じます。

②連帯債務型

一つの住宅ローン契約を夫婦それぞれが債務者となる形態です。

連帯債務者（妻）は夫婦それぞれが借入額の全額の債務を負います。

③ペアローン型

夫婦それぞれが単独でローンを組む形態です。

夫婦それぞれが各自の借入額分の債務を負います。住宅ローン契約をする際の「事務手数料」は、2人分かかりますが、夫婦がそれぞれ団体信用生命保険に加入できます。さらに、住宅ローン控除を受けられます。

次に、この3つのパターンの契約上の位置づけ、住宅ローン控除、団体信用生命保険、所有権について整理します。

①連帯保証人型

契約上の位置づけ：夫　主債務者　妻　連帯保証人　債務者　夫

（連帯債務者にならない共有者（妻）は必ず連帯保証人となります）

住宅ローン控除　夫　あり　妻　なし

団体信用生命保険　夫　あり　妻　なし　…………　妻の生命保険が必要

所有権　夫　あり　妻　なし

②連帯債務型

契約上の位置づけ　夫　主債務者　妻　連帯債務者　債務者　夫と妻

住宅ローン控除　夫　あり　妻　あり

☆一般の連帯債務型

団体信用生命保険　夫　あり　妻　なし　…………　妻の生命保険が必要

所有権　夫　あり　妻　あり

☆フラット35

団体信用生命保険（デュエット）　夫　あり　妻　あり

（1・56人分で2人分の契約ができる割引制度があります）

所有権　夫　あり　妻　あり

③ペアローン

契約上の位置づけ　夫　主債務者　妻　主債務者　債務者　夫と妻

住宅ローン控除　夫　あり（借入額分）　妻　あり（借入額分）

団体信用生命保険　夫　あり（借入額分）　妻　あり（借入額分）

所有権　夫　あり　妻　あり

④夫単独型

契約上の位置づけ　夫　主債務者　妻　――――　債務者　夫

住宅ローン控除　夫　あり　妻　なし
団体信用生命保険　夫　あり　妻　なし
☆妻の生命保険は、住宅ローン返済という面においては不要ですが、今後の生活を考慮すると、妻がいないことによる余分な経費がかかりますので生命保険は必要です。その経費とは、子供の保育園代とか、家政婦代などなどです。
所有権　夫　あり　妻　なし

妻が死んでも慌てなくていいように準備が必要

「はじめに」でお話しましたように、専業主婦だった妻に先立たれましたが、仕事にはかなりの影響が出ました。今は共働き世帯が多くなりましたので、その影響は私の場合よりも、もっと大きなものになります。晩婚化も進んでいますので、働き盛りの40代なかば頃に、子どもが幼稚園か、低学年ということも珍しくありません。そんなときに妻が急逝したら、大変なことになります。

まず困るのが子どもの世話です。仕事に穴をあけて子どもを病院に連れていくことも何度もありました。こんなときは「病児育児サービス」とかがあるそうですが、もし、頼めば、当然に費用が発生します。他には、「ベビーシッター」なども同様に費用が発生します。それならば、親なら「ただ」って思いついても、自分の両親や妻の両親ももう70～80歳くらいになっていて、60歳くらいならまだ無理をお願いすることもできますが）我が子を託すこともできません。しかし、実家のある地方から東京や大阪にでてきて仕事を続けていたのなら、万事休すです。

妻が生きていてくれたときと同じ生活水準を維持し、今まで通りに仕事環境で働き続けるには、住み込みの家政婦を雇うしかほかに術がありません。

東京や大阪で住み込みの家政婦を契約するにはいくらかかるのだろうと、インターネットで検索してみたら、1ヶ月50万円なので、年間ではなんと600万円もかかるのです。年収2000万円のサラリーマンで可処分所得が1200万円くらいですから、賄えますが、年収1000万円ならアウトです。まして、共働き世帯なら住宅ローンの負担も加算されることもありますから、とんでもない事態に陥ってしまいます。

妻にも生命保険が必要になる場合がある

生命保険の利用は、こんなことになる可能性のあるリスクに備えるべきだと考えています。契約する保険は、定期保険をおすすめします。

お金が貯まっていく終身保険がありますが、保険料が定期保険の保険料に比べて高くなりますので、おすすめできません。

妻の定期保険を契約されていない夫の皆さんは、是非、検討してみてください。妻が夫の皆さんに「私に保険を掛けてどうするつもりよ！」って言われても根気強く話し合ってください。

7　三大疾病特約は要らない

三大疾病保険が出るためのハードルは異常に高い

三大疾病特約の三大とは、「がん、心筋梗塞、脳卒中」の三つであることはよくご存じのことと思います。

定期保険や終身保険などの主契約に特約として契約するのが、この「三大疾病特約」です。かたや、単体として主契約として契約することができるのが、「特定疾病保障定期保険」などといいます。

この特定疾病保障定期保険の皮膚はがんを免責にしていることなどを、「第３章　保険は甘くない」中の「皮膚癌がでないがん保険がある」でお話ししましたので、ここではもう少し違うお話をします。

この保険は、就業できない、１人で生活することが困難な状態が60日間継続することが条件なので、治ることが少ない危篤状態にならなければなりません。実際には脳卒中になると20日程度で退院するので保険金は支払われることはありません。定期保険や終身保険などで死亡リスクに備えたほうがいいです。

また、がんについては、皮膚癌が出ませんので契約をしないほうがいいです。もし、保険をお考えなら、がん専用のがん保険を契約されたほうがいいです。

8　医療・がん保険は貯金で備えるリスク

医療・がん保険は生命保険会社にとって利益の源！

医療・がん保険のテレビコマーシャルなど広告宣伝はものすごい量が流されていますね。かなりのコストがかかっているはずですが、それを賄える以上の売上があり、利益もでているということになります。

これらの保険の背景などについては、本書で既に何度もお話をしたとおりです。結論からいいますと、これらの保険は、皆さんが支払った保険料総額に対して得られる給付金が少なすぎるのではないかと指摘されていますし、私もまったく同じく考えます。

例えば、多くの生命保険会社の医療保険では、60日支払限度型、1日の入院についての支払限度日数60日、保険期間中の支払限度日数、通算1095日というプランが販売されています。

この「医療保険」を契約した場合のことを見てみましょう。

60日間の入院を16回と135日間が保障してもらえることになりますが、そんなに入院を繰り返すことは現実的ではありません。医療費が高くなっていることで、病院には長く入院できなくなって、早期退院をして通院することが一般的になっています。

また、この医療保険の「1入院」の取り扱いについては、東京海上日動あんしん生命保険のメディカルＫＩＴ　ＮＥＯという医療総合保険（基本保障・無解約返金型）普通保険約款に規定されています。

「第６条（同一事由で複数回の入院を行なった場合に取扱い）

（１）被保険者が同一の疾病（注）により、第３条（給付金の支払）に規定する疾病入院給金の支払事由に該当する入院を２回以上した場合には、それらの入院を１回の入院とみなし、各入院に日数を合算して第３条の（給付金の支払）の規定を適用します。ただし、同一の疾病（注）による入院でも、疾病入院給付金の支払われることとなった最後の入院の退院日の翌日からその日を含めて１８０日を経過して開始した入院については、新たな疾病による入院として第３条（給付金の支払）の規定を適用します。」

つまり、一つの病気が治るまでは、１回目の入院となるということです。例えば、病気になって入院したのち40日間で退院しました。しかし、また具合が悪化したので、その10日後には、30日間にわたる再入院を余儀なくされました。

この場合を見てみますと、１回目と２回目の入院はそれぞれ40日間と30日間と、いずれにおいても、60日以内の入院となりました。

今回の合計入院日数の70日間分の入院給付金」が支払われると思ってしまいますが、残念ながら、そうではないのです。

この場合だと、60日分しか給付金が支払われないのです。それは、多くの生命保険会社の普通保険約款の規定には、「一つの病気が治るまでが1入院」としていることが条件にありますので、上限の60日間の給付金のみになって、10日間分の給付金は支払外となってしまうのです。

もし、1回目の入院の退院後から2回目となる再入院の期間が10日間ではなく、180日間を開けてなされた入院であれば、1回目と2回目合計入院日数の70日間分の入院給付金が支払われることになるのです。

したがって、今回のこの例では、2つの条件をクリアしていないので、10日分の給付金の支払いをしてもらえないのです。

がん治療は喧伝されているほど高くない

がん保険では、「がんの意識調査」によりますと、がんの未経験者の皆さんは、がん治療に300万円以上必要だと認識している割合が32%で、同200万円以上が21・7%で、300万円程度が19・7%となっていて、70%以上の人が、「200万円以上が必要」と考えているそうです。

それに対して、がんの治療をした人は、50万円程度が37・5%で、100万円程度が31・5%となっていて70%の人が100万円以下で治療を終えています。

病気・疾病など疾患に対するリスクは、何度もお話ししますが、医療保険やがん保険に頼るのではなく、貯金を計画的してその時に備えるべきです。そうはいっても何かあったら…と不安で心配なら、お金が貯まるまでの間だけは医療保険やがん保険を買って継続してください。

しかし、ここまでは、「医療やがんのリスクは、医療保険やがん保険で備えるのではなく、貯金をして備えるべきですよ」と言ってきました。保険の構成上が、契約者にとって不利にできているということなどだけで、お話しをしてきたのではありません。

日本には、国民皆保険制度、高額療養費制度などがあります。高額な医療費も、この2つの制度が適用されますと、自己負担がグッと小さくなりますので、貯金から支払える程度で済むのです。だから、わざわざ高い保険料を支払い続けて備えることはないのです。

ところが、近い将来にこの国民皆保険制度が崩壊する可能性がでてきたのです。詳しくは、第8章のアメリカが狙う「TPP最大のターゲット」は保険業界で、お話しますが、「TPP」と「安倍政権が進める医療改革と日本皆保険制度の解体」により、これが現実のものとなりますと、状況は一変しますので、しっかりと見守っていく必要があります。

貯蓄性の保険は悪ではない…ただ、合理的でないだけ

多くの皆さんは、保険契約を検討するときに、まずお考えになることは、「元をとれるかな?」ではないかと思います。事故が起こらなかったら損をすると思うからです。

そこで、そのニーズを満たすために、日本の保険会社は、古くから積立型保険商品をたくさん開発し、世に送り出してきたのです。

9　積立女性保険「積女」の登場

損害保険・積立保険の全盛期の始まり

昭和59年（1984年）の頃には、損害保険会社の「積ファ」戦争といって各保険会社の販売競争が盛んだったことがあります。自動車保険まで積立保険にしようと検討されたくらいなのです。

因みに、この「積ファ」というのは、「積立ファミリー交通事故傷害保険」の略称です。

当時、積立型の保険では、住宅総合保険という火災保険を積立型にした長期総合保険（略称・「長総」）がありました。当時の損保業界は、自動車保険はいうまでもありませんが、この積立型は主力で販売競争を繰り広げてきた時代でした。

この勢いに火をつけたのが、旧住友海上火災保険（現三井住友海上保険）が、1年間独占先行販売した「積立女性保険」で、略称「積女」といわれる保険商品で、余りの売れ行きに、「新積女」という保険商品が販売されたくらいだったのです。当時、損保業界のリテール（家計大衆分野）分野は男性マーケットで「男性の財布」をターゲットにした商品開発をしていたのです。

女性マーケットの開拓

それが女性の社会進出と活躍とともに、女性マーケットへの保険商品として、損保業界初となるこの積立女性保険（積女）が開発されました。因みに、当時、旧住友海上の徳増須磨夫社長は、損保業界で初めて女性の部長を誕生させました。

この積女は、少し前に、旧興亜火災（現損害保険ジャパン日本興亜）が、女性マーケットに注目し、開発した「女性保険」がありました。

これは、細かな内容は省きますが、簡単にいいますと、「女性が結婚をしたときに保険金を支払う」というものでした。しかし、まだ、時期早々だったのか、すぐに販売を取りやめました。これは、女性マーケットを意識した初めての試みで、まだそのタイミングではなかったのでしょうが、その後、徳増須磨夫社長率いる旧住友海上火災保険が、満を持して開発したのが「積女」だったのです。

当時、この保険は今までの保険のパンフレットは一線を画した女性の美をイメージしたお洒落なデザインに仕上げておりました。また、「女性の顔にケガをしたら2倍の保険金」を支払いするといったことも人気を博し、絶好調な売れ行きでした。

10　積立保険だから続けられる

貯金や預金だと直ぐに使うからお金が貯まらない？

補償（保障）と貯蓄の機能を兼ね備えた保険商品は、日本人の価値観にピッタシと合う証左だと思います。積立保険満期まで支払いをしても満期時に返ってくる保険料は、「補償」という機能が付いている分などが「掛捨て」になり減額されてしまいます。つまり、銀行などの「貯金」より割高なのですが、損してもでも、「貯金」より「積立保険」を選ぶのです。

こんなことがありました。

わたし：「積立保険に入っても全額戻ってくるわけではないから、貯金にしたほうがいいですよ」

お客様：「そうですか？　貯金のほうは万一の補償が（保障）がついていませんし…」

わたし：「それなら、掛捨ての安い保険商品がありますよ」

お客様：「え～、掛捨てですか！　何もなかったら損ですね。やっぱり、全額返ってこなくてもいいですから、積立保険にしたいと思います。ダメですか？」

わたし：「なぜ？　そんなに積立保険がいいのですか？」

お客様：「だって、積立保険だと、途中解約したら損するって思うから、最後まで頑張れるところがありますから…」

わたし：「でも、満期まで貯金したほうが合理的だと思いますけど…」

お客様：「貯金だと、いつ解約しても、元金が戻ってくるからすぐに解約してしまうので、ストレスは堪っても、お金はぜ～んぜん貯まりません。ですから、全額戻ってこないのはわかっているけど、積立保険にしたほうが結果的には、お金が残ることになるのです。わかってくれますか？」

わたし：「たってのご希望ということで、積立保険をご用意させてもらいます」

ここは、メリット・デメリットの判断は、人それぞれが持つ「価値観」によるところが大きいと思います。何がよくて何がよくないか？　何が合理的か？　不合理なのか？　どのように効率的なのか？　そうでないのか？　いろいろな面を理解した上で、最後に選ぶのはお客様なのです。

11　保険を使わなかったら全額戻りますよ

得なのか損なのかは人の価値観次第

東京海上日動あんしん生命は、何年か前から、「メディカル　ＫＩＴ　Ｒ」という医療保険を販売しています。この保険商品の特長も前述したとおり、「全額戻る」というキーワードが見事に、消費者心理を操りたくさんの消費者がこの保険商品を買っています。

この保険商品は、健康還付給付金は既払保険料相当額から入院給付金等の合計額をさし引いた残額となります。つまり、保険を使わなかったら、支払った保険料の全額が返戻されるということです。

得した気分になりますが、戻ってくるまで長い期間が経ったにも関わらず元金より1円も殖えないのです。しかも、保険を使ったら、その金額を差し引いた残額が戻ってくるのです。これと同じことは、「貯金」でもできます。同保険は途中解約したら1円も戻ってきませんが、貯金なら緊急的な出費にも対応できます。「貯金」が合理的なのは一目瞭然ですね。

持ち家派？　それとも、賃貸派？　あるいは、車は所有することか？　それとも、使用することか？　いろいろな思いや考えがでてきます。
これは、メリットやデメリットを乗り越えた個人の「価値観」に委ねるしかないのです。

12　「生存給付金付きですよ！」は得ではない

得する気分になるけれど…

急な資金が必要になった時に生命保険を解約しなくても、保険規約を継続したままで、今まで払い込んだ保険料の解約返戻金の総額から一定割合を控除した金額までを「契約者貸付金」として、高い金利がついたお金を借りることができます。なぜ金利がつくのでしょうか？

それは、生命保険は、満期まで保険料を引き出すことなく、保険料を支払い続けるということが前提となっているからです。

例えば、「3年ごとにボーナス〇〇万円」とかがパンフレットなんかに謳われていると、うれしくなって、保険を契約するほうに近づいたりします。生命保険を継続しながら、お金が外に出てくるということは、前もって金利分を加算した保険料を設定して保険商品をつくっているのです。

余分な金利を加算した割高な保険料を負担していますので、すべての保険商品とはいいませんが、そのほとんどの場合において、お得なことはありません。

基本的には契約者から余分に支払っていただいた保険料を一定期間ごとに返金している構造に

なっているだけなのです。これは、保険商品に興味を引かせるだけの強力な武器になっていると思います。サラリーマンが年末調整で戻ってきた税金を手にしたときのような類いのものです。

もし、生命保険会社にとってメリットがなかったら、このような機能をつけた保険商品が販売され続けられていることはないでしょう。

13 リビングニーズ特約が支払われるとき

余命の診断書が出たら死ぬ前に保険金を受け取れる

生命保険の死亡保険金は自分では受け取れません。指定した死亡保険金受取人が、受け取るのが一般的ですね。でも、リビングニーズ特約を付けておくと、自分が死ぬ前に死亡保険金を受け取ることができます。条件は、一般的には「余命６ヶ月」と診断されたらということだけです。この特約をつけても新たな保険料は要らないので、付けていて不都合はありません。

先日、生命保険会社の担当者と話をしていて、たまたま、この「リビングニーズ特約」の話題になりました。その中堅の担当者は1回だけお支払いするケースを経験したことがあったと言っていました。あんまりないそうです。医者が余命６ヶ月という診断書を生命保険会社に出して、妥当ならリビングニーズ特約が適用されてお支払いされるのです。

「もし、６ヶ月以上生きたらどうなるの?」って訊きますと、「それはそれで、医者の診断書が出ているので仕方ないのです」と言っていました。医者の立場からしますと、がんのように「命の期限」を口頭で患者に伝えるのと違って、患者を経由して生命保険会社に、正式に「命の期限」を書面で伝えることは難しいことだろうな…と個人的に思います。

そんなことは、さておいて、医者から「命の期限」を告知された「6ヶ月間」をそのお金を有効に使うこともできますので、リビングニーズ特約を付けるデメリットは何一つありません。

14 泥酔で交差点に寝込んでいたら車にひかれて死んだ

泥酔は心神喪失と認定されると傷害保険は出ない

今から20年くらい前に、当時の取引先から仕事を請けていた職人さんから、「叔父さんが、酔っぱらって交差点で寝込んでいたら車にひかれて死んだ」と電話がかかってきました。

話によると、自動車を運転していた人の自動車保険（自賠責保険）の保険会社の損害査定の担当者と話をしているのでわからないことがあったら相談に乗ってほしいと依頼を受けました。

その後も、1~2度にわたり、途中経過などを電話でやりとりしていたのですが、しばらく連絡がなかったので、私のほうから電話をしました。

「今、3000万円が振り込まれてきたところです」と言うのです。

私が、「保険会社から送られてきた書類に署名・捺印とか、振込先の銀行口座番号とか記入して返送しませんでしたか？」と訊くと、「ハイ」と返事が返ってきました。

そして、「それは、自賠責からの３０００万円で、泥酔状態で真ん中に寝てしまったことにより発生した死亡事故について、損害査定の担当者は任意保険を使うことなく、損害保険会社の腹を痛めない自賠責だけの３０００万円を支払って終わりにしたかったのですよ」

「……今からの交渉はできるのですか？」との質問に、「いえ、これで終わりです」と答えますと、電話口でため息が聞こえてきました。

事故状況からして３０００万円を手にできたわけですから、「よし」とするべきですが、今、この数字で納得がいかないのなら、自賠責の書類が届いたときに、すぐに署名・捺印して損害保険会社に返送したのか、電話をくれなかったか残念でなりません。

それでは、生命保険と損害保険での「泥酔状態」の取り扱いについてお話します。

まず、生命保険会社の定期保険や終身保険のなどの死亡保険金は、保険金の支払対象となっていますが、災害死亡保険特約の死亡保険金は、保険金の支払対象外となっています。ただし、事故の内容によっては必ずしもそうでもないことがあります。

次に、損害保険会社の傷害保険も、泥酔状態は保険金の支払対象外となる可能性があります。

泥酔状態とは心神喪失の状態であり、もし、損害保険会社が心神喪失と認定（判断）と判断すると、保険金の支払対象外になります。その際に、目撃者がいない場合は、泥酔状態で心神喪失であったことを立証できるための証拠を集めなければなりません。

15　交通事故で健康保険を使うメリットについて知っていますか

被害者でも過失があるときは健康保険を使ったほうがお得なんですよ

交通事故において健康保険を使うメリット（日火代理店ニュースより）は、まず、加害者のメリットとしては、健康保険利用し治療費が圧縮されることにより、加害者の賠償資力が小さい場合（自賠責しか付保していないなど）であっても自賠責保険金額限度内で休業損害や慰謝料などの支払いにも余裕ができ、事故のスムーズな解決に繋がります。また、健康保険の利用により、専門家に治療のチェックが行われるため、過剰診療が少なくなり、結果的に事故の早期解決にも繋がります。

次に、被害者側のメリットですが、加害者が自賠責保険しか付保していないなど賠償資力が十分でない場合に、健康保険を利用することによって治療費が圧縮され、休業損害や慰謝料等の一部又は全部を自賠責保険に請求できるケースが増えることになります。また、被害者側に過失がある場合は、健康保険を利用すれば被害者側の過失に伴う被害者自己負担額の一部又は全部を健康保険が肩代わりすることになりますので、最終的には被害者の受取分が多くなります。

これは自由診療と健康保険による診療1点の単価が違うのです。過失が被害者にもある事故は、健康保険を使うほうが得をします。もちろん、加害者の過失１００％で加害者の賠償資力十分なら、被害者はわざわざ、健康保険を使わなくても、自由診療による診療を受けてもいいのです。

第7章　知らなかったら損する事故

1　一般編

靴を履いて一気に靴ずれになったら…保険が出る!?

「急激性」、「偶然性」「外来性」の3要件とは

もし、そうなったら保険金の支払対象になりますが、靴ずれは、一気になるものではありませんので、残念ながら保険金の支払対象にはなりません。

傷害保険で保険金の支払対象になるには、三つの要件が必要となります。これをクリアしたら保険金をお支払いすることができます。それでは今から、その三つのご説明をします。

約款では、「急激かつ偶然な外来の事故によってその身体に被った傷害」と規定されていますので、「急激性」「偶然性」「外来性」の三要件を満たす必要があるわけです。

「急激性」とは、傷害が発生したプロセスにおいて、その傷害事故の原因から発生するまでの時間が直接的で時間間隔が短いことをいいます。

次に、「偶然性」とは、「故意によらない」ことですが、保険法上は、「故意によらないこと」を事故の成立要件とはされずに、被保険者および保険金受取人の故意が保険金の支払対象外、つまり免責事由と定められました。

最後の「外来性」とは、身体に生じた事故の原因が、身体の内部にあるのではなく、外部からの

作用にあることをいいます。また、この「外来性」は、「身体の異常な状態のうち傷害を除いたもの」と定義されている疾病を、身体に生じた事故の原因から除外することにあります。

以上が「三つの要件」ですが、事故と傷害の間には単に因果関係というわけではなく、相当因果関係であることとされています。例えば、問題となるのが、既存の障害や疾病が事故による傷害に影響の度合いです。

あいまいさを残した損害保険約款と生命保険約款

〈障害保険約款〉

傷害総合保険約款（損害保険ジャパン日本興亜）

傷害総合保険　第3章　被害事故補償条項　第8条　他の身体の障害または疾病の影響等）

（1）被保険者が第1条（保険金を支払う場合）の損害を被った時既に存在していた身体の障害もしくは疾病の影響により、または同条の損害を被った後にその原因となった被害事故と関係なく発生した障害もしくは疾病の影響により同条の損害が重大となった場合は、当会社は、その影響がなかったときに相当する損害額を支払いします。

（2）正当な理由がなく被保険者が治療を怠ったことまたは保険契約者もしくは保険金を受け取るべき者が治療させなかったことにより第1条（保険金を支払う場合）の損害が重大となった場合も、（1）同様の方法で支払います。

〈生命保険約款〉

医療総合保険普通保険約款（東京海上日動あんしん生命）

別表2　対象となる不慮の事故

対象となる不慮の事故とは、急激かつ偶発的な外来の事故とします（急激・偶発・外来の定義は表1によるものとし、備考に事故を例示します。）。ただし、表2の事故は除外します。

表2　除外する事故

1・疾病の発症等における軽微な外因

疾病または体質的な要因を有する者が軽微な外因により発症しまたはその症状が悪化した場合における、その軽微な外因となった事故

2・疾病の診断・治療上の事故

疾病の診断または治療を目的とした医療行為、医薬品等の使用および処置における事故

3・疾病による障害の状態にある者の誤嚥〈誤吸引〉等

疾病による呼吸障害、摂食、嚥下障害、または精神神経障害の状態にある者の胃内容物の誤嚥〈誤吸引〉もしくは気道閉塞を生じた食物その他の物体の誤嚥〈誤吸引〉（嘔吐物、食物、その他の身体の物体の鼻または口からの侵入による窒息を含みます）

4・気象条件による過度の高温

気象条件による過度の高温にさらされる事故（熱中症（日射病・熱射病）の原因となったもの

をいいます。）

５・接触皮膚炎、食中毒などの原因となった事故

次の症状の原因となった事故

（１）洗剤、油脂およびグリース、溶剤その他の化学物質による接触皮膚炎

（２）外用薬または薬物接触によるアレルギー、皮膚炎など

（３）細菌性またはウィルス性の食中毒ならびにアレルギー性、食事性または中毒性の胃腸炎および大腸炎

軽微な外因はどこまでが軽微なの？

損害保険会社の傷害総合保険約款は、疾病等からの影響がなかった場合の身体傷害の程度を判断するのですが、明確に原因となった傷害と疾病が重なっている場合に、曖昧さを残したまま、キッチリと規定していないので、実際に事故が発生したときの対応が問題になります。

また、生命保険の普通保険約款の表２の１に規定している「軽微な外因」の軽微とはどの程度ののことをいうのかなどが明確にされていませんので、損害保険と同様に問題となります。

この分野だけではなく保険は多岐に亘り曖昧さを残して構成されていますので、注意が必要ですが、後だしジャンケンの保険会社に勝つことは難しいといえます。急激性を欠く事故の例としては、靴づれの他にパソコンオペレーターの腱鞘炎、視力の炎症・過労などがあります。

2　道路工事会社編
自動車で壊したマンホール

管理などをしている他人の物を壊しても自動車保険などでは出ない場合がある

轍ができてボコボコになった道路を舗装しなおす工事を見かけられた皆さんも多いことと思います。この工事は一般的には都道府県や市町村から道路舗装工事を受注した工事会社は、再舗装をするために現状のアスファルトを削って整地しなければなりませんので、その削って整地する工程を外注します。

マンホール損壊の事故は、「道路の作業箇所の通行を制限するべく囲った中」で発生します。道路のアスファルトを削ったり、整地したりするとき、工事車両がマンホールに当たり壊すのです。自動車保険で対応しようとした場合、これが保険金の支払対象外なのです。

なぜか？　答えのポイントは、「道路の作業箇所の通行を制限するべく囲った中」にあるのです。

自動車保険でも、占有管理での事故に損害は保険金の支払対象外になっています。

その規定は、自動車保険の普通保険約款・第3条（保険金を支払わない場合―その2）にあります。

「当会社は対物事故により次の①から③までのいずれかに該当する者の所有、使用または管理する財物が滅失、破損、または汚損された場合は、それによって被保険者が被る損害に対しては、保険金を支払いません。

①記名被保険者

②契約自動車を運転中の者またはその父母、配偶者もしくは子

③被保険者または父母、配偶者もしくは子」

３メガ損保４社のうち3社は、マンホールの事故が発生した場合に、工事会社は工事をしているのであって、マンホールに作業を加えるとか、専らマンホールを管理していないと思われるので、約款の規定を厳格に適用していないのが現状です。

保険金の支払対象としている３メガ損保３社のうち１社の損害査定の社員は、約款の規定を厳格に適用して保険金を支払わない１社が「相手側の損害保険会社として絡んでくると困るのですよね～」と本音を明かしてくれました。

3　運送会社編　自動車で壊した月極め駐車場のフェンス

占有管理下とは

月極の駐車場に、トラックを7台停めていました。ここの駐車場は中央で二つに分離するため

のフェンスがあるのですが、駐車スペースにバックで停めるときにそのフェンスに当てて壊してしまったのです。

本件の事故も保険金の支払対象外なのです。適用される自動車保険約款は、道路工事会社の場合と同じ、自動車保険の普通保険約款・第3条（保険金を支払わない場合―その2）にあります。

「当会社は対物事故により次の①から③までのいずれかに該当する者の所有、使用または管理する財物が滅失、破損、または汚損された場合は、それによって被保険者が被る損害に対しては、保険金を支払いません。

① 記名被保険者

② 契約自動車を運転中の者またはその父母、配偶者もしくは子

③ 被保険者または父母、配偶者もしくは子」

運送会社から事故の連絡を受けて、損害保険会社へ事故の報告を普通にしてみましたら、対応に出てくれた女子社員は普通に事故の受付をしてくれました。その30分くらいのちに、占有管理下による事故となるので、保険金の支払いとなりませんと対応を変えました。そこから、交渉を開始し、最終的には保険金の支払対象という対応になりました。ポイントは、普段からフェンスを気にかけることなく、触ることもなく、全く管理していないことなどの実態に考慮して、保険金の支払対象となったものです。因みに、賃貸している7台分ではなくて、例えば、この運送会社が5台、その他のAさんが1台、Bさんが1台の合計7台ということなら、問題なく保険対応となります。

4　電気工事会社編
エアコンの穴をあけ間違えたら、保険が出ない？

そもそもなぜ？　エアコンの穴のあけ間違いがなぜ保険金の支払対象外なのかについてお話しします。

偶然性、急激性、外来性の三要件を満たしていない

保険は、偶然性、急激性、外来性の三要件を軸にして、所有・使用・管理の財物の定義と、錯誤による損害や技術の拙劣による損害などと、その事故が起こる背景に潜むモラルハザードなどを考慮します。穴のあけ間違いによる穴の修復による損害を、保険でカバーできない要素がたくさん詰まっているのです。それは、穴をあけ続けて貫通する行為は、錯誤ということは言うまでも有りませんが、その他にも、偶然性、急激性、外来性の三要件をすべて外しています。

ただ、外から見えない壁の中にある間柱、筋交い、ガス管、水道管等も一緒に損傷させた場合の損害は保険金支払いの対象になりますが、外壁と内壁の修復は保険金の支払対象外になります。

これは穴をあけ続けることの意志が、偶然性も急激性も外来性がないことを示しているわけですので保険の理屈では当たり前でも、保険契約者等のご理解を得ることは難しいことでした。

昔からある在来工法の建物なら一定のルールがありましたし、壁を叩けば、反響音でも判読でき

ました。しかし、昨今のハウスメーカーなどの建物等は、例えば、どこに間柱や筋交い等が入っているか等を判読することは容易ではありません。設計図もよく変更されていることがあるので留意しなければなりません。

しかし、最近ではここの原理原則である部分を明確に否定して保険金の対象にするべく、保険約款ではなく、支払いの社内規定を変更した損害保険会社は、私の知る限り2社あります。

しかし、保険約款と社内規定を変更していない各損害保険会社において、現在も保険金の支払いの対象外ですが、保険金の支払い対象になる可能性のある要件は次のとおりです。

そのためには、発注者や施主の施工指図書などのエビデンス（根拠となる書類）で穴をあける位置を示されていたにも関わらず、施工者が誤って違う場所に、穴をあけた場合は明けた場合は保険金の支払いの対象になる可能性があります。可能性があると言いましたのは、損害査定の担当者より判断が別れるからです。

それは、いずれにしても、穴をあけ続けるという行為そのものには、偶然性、急激性、外来性の3要件がないからです。

次にその根拠について、難しいかもしれませんが、お話します。

自動車保険だけでなく、賠償責任保険にも同様の免責条項あります。

「賠償責任保険普通保険約款（あいおいニッセイ同和損害保険）

第1章　第2条（保険金を支払わない場合）

当社は、直接であると間接であるとを問わず、被保険者が次のいずれかに該当する損害賠償責任を負担することによって被る損害を負担することによって被る損害に対しては、保険金を支払いません。

③被保険者が所有、使用または管理する財物の損壊について、その財物につき正当な権利を有する者に対して負担する損害賠償責任」

保険約款と社内規定を見ると

請負業者特別約款（あいおいニッセイ同和損害保険）

第３条（管理財物の範囲）

普通保険約款第２条（保険金を支払わない場合）の③に規定する被保険者が所有、使用または管理する財物とは次のいずれかに該当するものをいいます。

①　被保険者が所有する財物（所有権留保付売買契約に基づいて購入した財物を含みます。）

②　被保険者が使用している財物

③　被保険者が他人から借用している財物（レンタル、リース等による財物を含みます。）

④　被保険者が他人から受託している財物

⑤　運送、荷役、撤去または移設の目的物

⑥　被保険者に支給された資材、機材、商品等の財物

⑦　建設業法（昭和24年法律第１００号）第2条（定義）に規定する建設工事（28業種）および

これらに類似の工事（以下「建設工事の目的物」といいます）

⑧　被保険者が仕事を遂行するにあたり作業を行う対象物（建設工事の場合は、建設工事の目的

と一体として作業を行う部分を含みます）

⑨　被保険者が仕事を遂行するにあたり現実かつ直接的に作業を行っている財物

これを、某損害保険会社の規定に従い分類しますと大きく三つに分類できます。

①　所有財物（前述の①、②に該当）

②　受託財物（前述の③、④、⑤、⑥、⑦、⑧に該当）

③　作業対象物（前述⑨に該当）

さらに、②は大きく四つに分類しています。

ア　借用財物

イ　支給財物　（ア）作業に使用される材料・部品　（イ）据付・組立される装置・設備

ウ　販売・保管・運送受託物

エ　作業受託物

ここまでの保険金を支払いしない管理財物免責条項の「被保険者が所有、使用または管理する財

物の損壊」と、それを明確にした管理財物の免責のうち、保険金支払いへ復活担保させる「作業対象物担保追加条項」についてお話しします。

①　受託財物（借用財物、支給財物、販売・保管・運送受託物作業対象物）以外のものをいいます。例えば、貨幣、紙幣、有価証券、印紙、切手、証書、帳簿、宝石、貴金属、美術品、骨董品、勲章、き章、稿本、設計書、ひな形、その他これらに類する財物があります。

②　Ⓐ作業箇所の誤り、Ⓑ寸法の誤り、Ⓒ料材質、Ⓓ仕上げ不良の四つがあります。

5　エアコンの損害は誰の責任？（電気工事会社編）

電気工事会社がお客様のエアコンを一時的に保管していました。ところが、建設会社が隣に借りている資材倉庫から出火して、電気工事会社が借りている倉庫建屋が類焼に遭い全焼となりました。そして、保管していたエアコン等の受託品は全損になりました。

失火責任法と不法行為とは

まず、火元の建設会社が契約している賠償責任保険特約から、本件の損害について、賠償して貰えるかというと、答えとしてはこの建設会社は、民法７０９条に規定する不法行為がない限り、賠償責任負担を負わなくてもいいのです。それは、「失火ノ責任ニ関スル法律（失火責任法）により火元の責任が緩和されているのです。

「民法709条」（不法行為による損害賠償）

故意または重大な過失によって他人の権利又は法律上保護される利益を侵害した者は、これによって生じた損害を賠償する責任を負う。

「失火ノ責任ニ関スル法律（失火責任法）」

民法第七百九条ノ規定ハ失火ノ場合ニハ之ヲ適用セス但シ失火者ニ重大ナル過失アリタルトキハ此ノ限ニアラズ

次に、電気工事会社が保管しているエアコンに、賠償責任保険（受託者賠償責任）を契約していたので、保険会社に事故の報告をしたら、保険金の支払対象とならないと言われました。

なぜなのか？　その理由について考えてみたいと思います。

本件の場合、保管とは、電気工事会社がお客様との契約によって、お客様のエアコンを一定期間電気工事会社が借りている倉庫に占有・使用または管理する状態におくことをいいます。

受託者賠償責任保険は、原則として債務不履行のうち履行不能による賠償責任のみをカバーするため、不完全履行および履行遅滞に基づく賠償責任はカバーされません。

履行不能とは、履行期に債務の内容の給付をなすことが不能であることですが、簡単にいいますと、エアコンを預かっていて約束とおりに保管したのちに、お客様にエアコンを引き渡せなかったことを履行不能といいます。

善良な管理者の注意義務（善管注意義務）とは

本件のエアコンの類焼損害は、電気工事会社の失火に基づくものではありませんので、これに対して失火責任法が適用されないことは言うまでもありません。

しかし、エアコンの類焼損害について電気工事会社に過失があった場合には損害賠償責任が成立し、受託者賠償責任が発動するということになります。

したがいまして、本件は、電気工事会社に過失がありませんので、損害賠償責任が成立しないために、保険金の支払対象とならなかったのです。

しかし、本件はこれで終わるわけではありません。

電気工事会社には一つ怠ったことがあります。それは、「善良な管理者の注意」です。この善良注意義務が、エアコンの類焼損害について注意を怠っていたかどうかは、ケースバイケースですので概念的に定義することは難しいのです。

一般的ではありますが、本件の電気工事会社（債務者）は、お客様（債権者）に対して「高度な善管注意義務」が課せられているのです。したがいまして、電気工事会社に落ち度（非）がなくても、本件の類焼の場合に、損害賠償責任が発生するのではないかと考えられます。

法律上の賠償責任は発生しなくても、高度な善管注意義務は残るわけですので、債務者の電気工事会社は、損害の負担を免れないのです。

過去に何度かは、このようなケースで、受託者賠償責任保険で保険金を支払っていただいたことがありましたが、必ずしもということではありませんので、法律上の正当な権利を有する者の受託物に対して、物保険（火災保険、動産総合保険など）を合わせて保険手配して万一に備えています。

6 倉庫で保管していたお客様のエアコンが、濡れ汚損になったが保険が出なかった！（電気工事会社編）

偶然性、急激性、外来性の三要件を満たしていない

このようなリスクについては、賠償責任保険の受託者賠償責任保険で対応することが一般的ですが、水濡れなどによる濡れ汚損を保険でカバーできないことがありますので注意が必要です。

そのことを規定した保険約款は次のとおりです。

受託者賠償責任特別約款（あいおいニッセイ同和損害保険）

第3条（保険金を支払わない場合）

⑥屋根、扉、窓、通風孔等から入る雨、雪等による受託物損壊に起因する損害賠償責任」

この規定も偶然性、急激性、外来性の三要件を外しているから保険金の支払対象外になっているのです。

不可抗力による損害とは

この三要件を満たす条件とは言えば、台風により屋根が吹き飛び雨水により、預かったエアコンの損害が保険金の支払対象になるかと思われるかもしれませんが、これも保険金の支払対象外なのです。なぜなら、台風という広域災害ですので、「不可抗力による損害」に該当するため、賠償責任を免れるのです。ただ、管理していた側に過失があれば、相当分を考慮する損害保険会社もありますが、いかなる場合でも考慮をすることなく、保険金の支払対象外とする損害保険会社があります。保険ではこのようなリスクをカバーすることはできないのかというと、カバーする方法はあるのです。それは受託品を賠償責任保険ではなく、物保険を検討してみることです。

賠償責任保険に比べて（そのリスクの実態より変わります）保険料コストは高くなりますが、検討してみるのも一考です。

事業方法書（ライセンス）とは

損害保険会社は、保険の引受けをするための保険種類などの規定や範囲を示す事業方法書（ライセンス）を幅広く金融庁より認可を取っています。そこから、社内規定を設けて、実際に販売をする保険を決めているのです。それを決めるのは、損害保険会社の体力といえる規模にもよるところが大きいですが、必ずしもそんなことはなく、損害保険会社本社の一部の「頭脳」により、あれこれ算段して決められているのです。したがって、保険商品のラインナップは、大手の損害保険会社でも当然違いが出てきます。まして中小との損害保険会社ともなれば尚更です。

しかし、中堅中小の損害保険会社がOKで、大手損害保険会社がNOということもあります。傾向的には中堅中小の損害保険会社は大きくなるように頑張るため無理をするためです。

しかし、保険の自由化以降、合併を繰り返して4グループの損害保険会社で90％を超えるマーケットシェアを占めるようになりましたので、中堅がなくなり大手と中小の2分類になりました。

現況において大手損害保険会社は、無理をして大きくなる必要はなく、逆に利益の薄く手間のかかる分野を手放すくらいなのです。中小の損害保険会社は無理をする体力は残されていません。現状を維持するだけで精一杯なのです。損害保険会社は、どこも似たり寄ったりの、予めいろいろな保険約款を組合せて構成された保険商品を販売することが多いので、元々ある各保険約款や規定を見ることは少なくなりました。元々の約款や規定の中には、皆さんがリスクカバーして欲しい箇所を保険でカバーする（保険料コストが上がることもありますが）道があるかもしれません。

7　部品メーカー編
支給品なのに部品メーカーの所有に変わるとき

他人の所有物でも、自分の所有物になる不思議

〈事故の概要〉

完成品メーカーから支給されたアルミ製放熱板に対して、部品メーカーの中国工場においてセパレータを貼付して国内で完成品メーカーに納品しました。セパレータというのは、テレビ内部の部材にアルミ製放熱板を密着して接合するために、必要となる薄いセロファンみたいなフィルムのことです。ところが、その仕事に問題が発生しました。それは、貼付したセパレータの糊づけが一部で強すぎたのです。結果、完成品メーカーでのこの納品された部品であるセパレータを生産ラインに乗せて「はがす工程」の中で、このセパレータの一部が剥がれなかったことでアルミ製放熱板に損害を与えました。

〈保険約款〉

本件の事故による損害は、生産物特約条項第２条（１）「生産物または仕事の目的物の損壊それ自体の損害」に該当し、保険金の支払対象外となります。

〈理由〉

部品メーカーが納品した「セパレータ貼付アルミ放熱板」は、生産物特約上の「生産物または仕事の目的物」に該当します。

本件のセパレータ残存による「アルミ製放熱板」の損害は、「生産物または仕事の目的物」になり、「セパレータ貼付アルミ製放熱板」の構成要素である「アルミ製放熱板」に生じた損害であることから、免責事由で定めた生産物特約条項第2条（1）「生産物または仕事の目的物の損壊それ自体の損害」に該当し、保険金の支払対象となりません。

また、本件の「セパレータ貼付アルミ製放熱板」が完成品メーカーの支給材として、部品メーカーは所有権を有していませんが、この所有権の帰属は「生産物または仕事の目的物」として文言解釈を左右しません。つまり、他人の所有物でも、自分の所有物になるということです。

因みに「セパレータ貼付製アルミ放熱板」の納品後に完成品メーカーや販売先等において、「セパレータ貼付アルミ製放熱板」の瑕疵に起因して、「セパレータ貼付アルミ製放熱板」以外の他物を損壊した場合や第三者の身体を障害させた等の事故が発生しました。

その際に部品メーカーが被害者に対して損害賠償責任を負担することにより被られる損害が保険金の支払対象となります。

同じことを完成品メーカーで作業すると他人の所有物のままという摩訶不思議

もし、本件事故の原因となった部品メーカーの中国工場ではなく、完成品メーカーの生産ラインで作業しいて、同様の事故が発生した場合は、「生産物または仕事の目的物」は「セパレータ貼付」のみとなり「アルミ製放熱板」の損害は保険金と支払対象に変わります。

つまり、「アルミ製放熱板」の所有権が部品メーカーに移転せず、完成品メーカーのままだということなのです。

第8章　アメリカが狙う「ＴＰＰ最大のターゲット」は保険業界

1　韓国セウォル号沈没の悲しみの中で

混合診療の見直しが決まった日

平成26年4月16日（2014年）午前8時48分に、韓国屏風島沖でフェリーが沈没しました。修学旅行でフェリーに乗船していた韓国の高校生の若いたくさんの命を奪いました。当時、かなりの衝撃で報道を見守っていたことを思い出します。

かたや、同じ日の夕刻に、官邸小ホールでの会議で、混合診療の「選択療養（仮称）」が議論されました。

皆保険体制解体に向けて具体的に着手する安倍政権

第5回経済財政諮問会議・第3回経済財政諮問会議・産業競争会議合同会議で、報道関係者入室後の安倍晋三総理の発言内容が議事録にあります。（内閣府ホームページより：原文のまま）

『持続的な成長を実現するためには、生産性の抜本的な向上が不可欠である。その鍵は、起業の活発化や産業の新陳代謝、イノベーションの創出、それを支えるリスクマネーの供給である。このため、本日出された提案を踏まえ、企業・開業手続きのワンストップ化、政府調達優遇などによるベンチャー企業支援、イノベーションを競争力強化につなげていく新たなシステムの具体化、豊富な民間資金を中長期の成長資金として活用する方策について、関係大臣で協力して案をまとめていただきたい。国民の健康長寿のニーズと社会保障の持続可能を両立させるためには、公的保険によるサービスの合理化・効率化とともに、保険外サービスの活性化を図ることが必要。このため、本日出された提案を踏まえ、保険者の収支改善努力と個人の予防、健康増進を促す仕組みを具体化、そして、大学病院の別法人化を含め、医療介護サービスを効率的・総合的に供給する、新たな法人制度の実現方策、そして、困難な病気と闘う患者さんが、未承認の医薬品を迅速に使用できるように、保険外併用療養費制度の仕組みを大きく変えるための制度改革について、関係大臣で協力して案をまとめてもらいたい。社会保障給付の一層の合理化・効率化については、医療・介護情報のＩＣＴ化の活用を含めて、次回の諮問会議でさらにしっかりと議論をしていただきたい』

つまり、「混合診療」（保険診療に加えて自費での診療を追加で受けられる制度）の大幅な拡大への検討をするように、関係大臣に指示したことにより、混合診療の見直しが事実上決定したことになります。

2　最悪のシナリオ

医療費総額管理制度とは

平成26年4月33日（２０１４年）の第6回経済財政諮問会議・第4回経済財政諮問会議・産業競

争会議合同会議で、麻生太郎副総理が、「レセプトデータの活用による医療の効率化」について、諮問会議に提出しています。（内閣府ホームページ）内容の主旨は概ね次のとおりです。

『福岡県の先進事例を踏まえつつ、医療費の効率化を図る。

①医療費が少ない都道府県を「標準集団」として定める。

②標準集団と、各都道府県の年齢・人口構成等を補正して合理的な医療需要を算定する。

③実際の医療費との乖離の原因（ジェネリック使用率など）について、レセプトデータを用いて可視化させる。そこから、妥当な支出目標を設定する。

④支出目標の達成のためにレセプトデータを統合的に活用する。

⑤都道府県は、これを支出目標として医療費を適正化する。

合理的かつ妥当な医療需要を前提にした支出目標の設定をするが、国と都道府県レベルでも設定することで、フランスの医療費支出目標制度（ＯＮＤＡＭ）同様の支出目標制度を実施する。

さらに、都道府県が、支出目標の達成度合いに応じた後期高齢者支援金の加算を行なうことで、医療費適正化インセンティブを付与する』

安倍政権が進める医療改革について、『安倍政権医療改革と皆保険体制の解体』（岡崎祐司・中村暁・横山壽一・福祉国家構想研究会）編著（大月出版）にて、次のように指摘されています。

『構造改革政治の始まりともに、日本の医療制度構造改革は本格化し、現在、安倍政権は皆保険体制解体への具体的作業に着手し始めています。

都道府県を主体に医療費抑制のための提供体制改革を進めつつ、同じ都道府県に国保の財政責任も担わせます。この改革の枠組みは「医療費総額管理制度」の創設によって完成することになります。一方では、介護保険給付の対象者が縮小され、混合診療の拡大や医療の保険給付範囲の限定化を進めることになります。そして、公的保険で受け止められないニーズをいわゆるヘルスケア産業に受け止めさせることにあります。これが、安倍政権が描いているシナリオであり、私たちにとって、「最悪のシナリオ」であります』

3　選択療養（仮称）における手続・ルール等の考え方

本当に患者（国民）にとってやさしい新たな仕組みを構築することになるのか？

これは、第5回経済財政諮問会議・第3回経済財政諮問会議・産業競争会議合同会議での資料です。治療に対する患者の主体的な選択権と医師の裁量を尊重し、困難な病気と闘う患者が治療の選択肢を拡大できるようにすること、そのための一定の手続、ルールの枠内で、患者が選択した治療については極めて短期間に保険外併用治療費の支給が受けられる患者（国民）にとってやさしい新たな仕組みを構築することを目的としています。

右記において、今後の検討課題とされた手続・ルールを中心に、「申請」を通じた具体的な仕組みのあり方について論点を整理しますと、次のとおりとなります。

①合理的な根拠が疑わしい医療費を除外する
②患者やと医師の情報の非対称性を埋める
③併用することの安全性・有効性を確認する
④全国統一的な中立の専門家によって評価する
⑤評価療養につながる
⑥「診療計画」等に記載されたデータを有効活用する

病気になって破産者続出のアメリカ人！

保険の自由化になって19年目の夏を迎えている日本ですが、自由化になって環境は厳しくなっていくばかりだし、アメリカの医療も自由化を進めて、恩恵を受けたのは1％の富だけで、医療費が高騰に苦しみ、病気になって破産するアメリカ人が出るくらいなのです。

例えば、日本では救急車でもドクターヘリコプターでも「無料」ですが、ご存じのようにアメリカでは「有料」です。もし、アメリカ人が病に倒れて、ドクターヘリコプターで運ばれたなら、費用を支払えないくらいの高額な請求書が届き破産するのです。

日本でも、安倍政権が進める医療改革やTPPにより、「自由」と「選択肢」をキーワードに外堀から埋めるように進められています。その一つが次にお話する「混合診療の一部拡大」です。

このようにして、いずれ、国民皆保険制度が自ら立つことができなくなってしまい自壊してしま

う と考えています。アメリカで起こっていることは必ず日本で起こってきましたが、今回は例外ということになることを願わずにはいられません。

4　患者申出療養制度に喜ぶセコム損害保険

セコム損害保険は朗報なの？

平成28年4月（２０１６年）に、患者申出療養制度が始まりました。従前までは、公的医療保険が適用される治療と、対象外の治療（自由診療）を併用する「混合診療」は原則禁止されていますが、将来的な公的保険適用の評価を行う「先進医療」だけは、例外的に認められてきました。

この新制度のスタートにより、週刊ダイヤモンド２０１６・４・23号の記事で次のように伝えています。

「真価が発揮される時代がようやくきた!!　そう鼻息を荒くするのは、セコム侵害保険の幹部たちだ」

セコム損害保険の保険期間5年の「自由診療保険メディコム」は、公的医療、先進医療、そして、自由診療についても保険の対象としています。気になる皆さんは、是非セコム損害保険にお問合せしてみてください。患者の治療の選択の自由を可能にした「患者療養制度」は、金持ちの患者なら、健康保険の範囲内の医療では満足できず、さらにお金を払っても…という願いを満たすことにあります。

話は飛びますが、昔、アメリカで「ER（エマージェンシー・ルーム）」という医療ドラマがありました。当時、このドラマをテレビで観ていた私は、アメリカの医療はすごいと感嘆するくらい素晴らしいと思ったものでした。しかし、現実的にあそこで治療してもらえるのは一部の金持ちだけで、一般の人があそこに運ばれたら、高額な請求を求められて破産してしまいます。

また、アメリカでは、法律で無保険でもERだけは患者の受け入れを拒否できない中、治療しても治療費を回収できないため、経営が悪化して赤字拡大が進む病院は、ER自体を閉鎖してしまうことになります。その結果、地方ほど医療の過疎化が進んでいくことになります。

患者申出療養制度を申し出るときの条件

日本においてはこのようなことが起こらないように、国民皆保険制度はアメリカの圧力に負けずに堅持してもらいたいものです。ただ、混合診療の一角が崩れたことは、これからの動きが大変危惧されますが、この新しい「患者申出療養制度」を申し出る場合はどんな場合が想定されるのか、整理してみました。

例えば、次のような場合です。

① 治験、先進医療、患者申出療養のいずれも実施していない医療を実施して欲しい場合

② 先進医療で実施しているが、実施できる患者の基準に外れてしまった場合

③　先進医療で実施しているが、自分の身近な保険医療機関で行われていない場合
④　すでに実施されている患者申出療養が、自分の身近な医療機関で行われていない場合　など
厚生労働省では、治験が行われていない治療法のときについて、「まず、治験に参加できないかを検討してください」そして、先進医療が行われている治療のときは、「まず、先進医療として実施できないかを、検討してください（協力医療機関の追加、研究計画の変更など）」としています。

5　「国民皆保険は堅持する？」というけれど

日本が実現してきた「健康権」の「聖域」は守られるのか？

安倍政権で進められている医療改革の中で、「患者申出療養制度」がスタートしましたが、平成26年3月27日　規制改革会議　資料1の1「選択療養制度（仮称）創設について（重点整理）」の中に次のように明記されています。

「この改革案は、国民皆保険の維持を前提とし、現行の保険外併用療養費制度の中で実現可能であり、なおかつ患者のニーズに迅速に応え得るものである。」と明記しています。

また、厚生労働省が最終的にまとめた「患者申出療養制度設計（案）・〈中医協　総―4　27・9・30〉中でも次のように明記されています。

「混合診療を無制限に解禁するものではなく、国民皆保険の堅持を前提とする」と明記するなど

関係方面への配慮が見て取れます。しかし、そうなるでしょうか？

韓国の例を見ていると心配でなりません。TPPが発効してしまうと、アメリカからたくさんの生命保険会社が日本にやってきます。そして、国民と医療関係者の努力で日本が堅持してきた国民皆保険制度は、どこでも地域格差なく受けられる医療サービスとして、健康権を実現してきた「聖域」に、アメリカの生命保険が「医療保険やがん保険」を中心に売り込むのです。

アメリカの生命保険会社を活躍させるために

アメリカの狙いは、国民皆保険を解体し、アメリカの生命保険会社が活躍できる道を開けることにあります。そのためには、国民皆保険制度を維持する前提となっている混合診療禁止を解除する必要があります。先の患者申出療養制度の施行は、一角を崩したことになり、それが拡大していきやすくなります。これから、日本の医療は、国民の健康などを守る社会保障が、アメリカの民間企業の成長・発展のための手段に変質してしまいます。医療が自由診療になると、規制がなくなってしまいますので、医療機関や製薬会社が診察料や薬代を自由に決められるようになるため、医療費等が下がるということは望めません。お金持ちの人が高度な治療を受け、そうでない人との格差は広がります。また、株式会社の病院や営利的医療機関も日本にやってきます。

国民皆保険制度があるからこそ、医療保険やがん保険では、貯金という構図が成り立つのですが、堅持できなくなった場合はその前提が崩れかねません。

6　オバマケアって、「4900万人」のお客様を生命保険会社に紹介しただけのこと

アメリカの生命保険会社と製薬会社が儲かっただけ

平成22年3月（2010年）に、オバマ大統領は、アフォーダブル・ケア・アクト（ACA）の医療保険制度改革法に署名しました。正式名称は、「患者保護並びに医療負担適正化法(PPACA)」：通称、オバマケア」といいます。

オバマ大統領は、GDPの7分の1を超える医療費と国民の約7人に1人の無保険者を抱えるアメリカの現況に対して、高額な医療費支出の削減と新たな公的保険による無保険者の解消を目指したことに国民の大きな期待を寄せました。

政権交代直後のオバマ大統領の支持率は70％という高い数字でした。オバマ大統領は、2月に行なった演説の中で、無保険者の削減と医療費の抑制を宣言し、予算教書の中でも経済危機脱出のための新規雇用を350万人分創設することと、4年後までの財政赤字半減とともに、医療保険未加入者の解消を発表しました。公的医療保険制度は、日本とは全く違い、65歳以上の高齢者向けのメディケアと、低所得・貧困者向けのメディケイドの二つしかありません。オバマ大統領が演説の中で宣言したのは、職を持ち、一定の収入がある中流層がターゲットとなります。

総合メディカル株式会社のレポートによりますと、平成23年（２０１１年）で、全く医療保険を契約していないアメリカ人は約４８９８万人に達しています。

単一支払皆保険制度とは

日本、カナダ、イギリスなどの多くの先進国で適用されている「単一支払皆保険制度」は、医療を受ける側が民間の企業を通さずに政府や公的機関に直接保険料を支払い、少ない自己負担で治療を受けられるシステムですが、アメリカはそうではありません。民間生命保険会社が病院や医師に対して経営方針や治療方針に指示をしています。患者である保険契約者には、年齢や健康状態の告知などにより保険料に差をつけたり、過去の業歴などを楯に給付金の支払いを渋ったりして自らの利益をあげたりしています。アメリカは、収入が多い人ほど保険料が安いという逆累進性をとっています。それを、「単一支払保険制度」にすれば、保険料は所得に応じた額により保険料が決まるため、日本、カナダや、イギリスのように、所得再配分の機能を果たすことになります。

また、民間生命保険会社ではなく政府が保険者となって医療をチェックしますので、法外な医療費や薬の処方箋代も抑制されます。しかし、この「単一支払保険制度」は反対者に押しつぶされ、議論のテーブルから消えてしまいました。

結局、アメリカ上院財政委員会は、公的保険を削除して、「既存のままの民間保険のみ」を可決しました。医療・製薬行基にとって最大の障壁だった「単一支払制度（シングルペイヤー）を法案から取り除けなければ、巨大な利益を得られるビジネスモデルを失いかねなかったところです。

アメリカのメディケアとメディケイドとは

平成23年（２０１１年）において、「アメリカの公的保険のメディケアと、メディケイドに退役軍人向け医療保険を加えると、公的医療の受給者はアメリカ総人口約3億１０００万人に対して、約28・２％の約８７４２万人に達しています。民間保険を契約している層は、56％で、約１億７３６０万人にいます。

結果、オバマケアは、この無保険者層の約４８９８万人に対して、民間生命保険会社での強制加入にしただけのことなのです。50人以上雇用する企業には、企業負担で従業員に、民間の生命保険会社の医療保険の提供を義務としました。また、50人未満の企業に勤める人や低所得者へは補助金という名の税金を使って強制加入にしました。また、医療保険に未加入者には収入の２％を罰金として徴収するようにしました。オバマ大統領は、公的な医療保険を導入したのではなく、民間企業を喜ばせただけなのです。税金を使って民間の生命保険会社の医療保険に強制加入させるという政策は、アメリカの生命保険会社にとって、労せずして約４９００万人のお客様を獲得できるわけですから笑いが止まりません。製薬会社も同様にその恩恵に預かるので笑いが止まらないのです。

国民皆保険は、政府が運営する単一保険でないと、単に保険会社や病院を儲けさせるだけなのです。自由化で得するのは、やっぱり、「富裕層」だけなのです。

7　日本にやってきたアメリカ生命保険会社が儲からなかったら、ＩＳＤ条項に抵触する？

怖いＩＳＤ条項とは

ＩＳＤ（Investor-State Dispute Settlement）条項は、国家と投資家の手続を定めているものです。投資を受け入れた国が協定に違反し、その国に投資した企業などに損失が生じた場合に、その外国企業が相手国の政府を相手取って国際紛争機関に仲裁を申請できるのです。

このＩＳＤ条項は、国際法的な面からみますと、外国投資家に国家を超越する法律の主体性を与えて、国家主権を超越することで、内政不干渉・民族自決などの国連憲章に基づく普通的国際法秩序を攪乱することになります。

一方で、日本国憲法の面からみますと、司法主権や、行政主権、立法権を侵害することになります。さらに、地方自治を無効化にしたり、人権体系も無視することになります。

ＩＳＤ条項は、相手国の健康の無視であり、破壊といえます。これはアメリカが仕組んだ一種のクーデターといっても言い過ぎではありません。貿易障害にあたらないようにしないと、日本国民から集めた税金を使うことになります。

8　もし、国民皆保険が崩壊したらどうなる？

医療・がん保険で、日本の皆保険制度の代わりはできない

医療・がん保険を「要らない」という本はたくさん出ており、本書でも基本的にそのようにお話しております。現在国内で販売されている第三分野保険（医療・がん保険、傷害保険）は、日本の健康保険の補完的な立ち位置です。要するに、日本の健康保険、労災保険、自賠責保険などでカバーされるリスクやロスに対応できる保険だけでは足りませんよと、不安を煽って売り続けてきたのが、第三分野といわれる医療・がん保険であり、傷害保険なのです。現行の公的医療制度が崩壊したら、民間の第三分野といわれる医療・がん保険で準備する必要が出てきますので、これらの保険たちが全くの不要でないことについては訂正しなければなりません。しかし、このＴＰＰ問題に直結した国民皆保険制度の健康保険が、崩壊するかもしれないという問題だけではなく、必ずやってくる日本の２０２５年問題について、金融庁も、保険会社も早急に対策を講じて、健康保険クラスの保険制度を構築しないと、日本人の健康と健全な生活を保障することはできません。

医療・がん保険は必須になるかも？

もし、日本の国民皆保険制度が崩壊もしくは、制度自体は残っても、本来果たしてきたその機能

を十分に発揮できなくなった場合について、民間の保険会社がつくった利益優先の保険商品は、必要にならざるをえません。かたや、アメリカでは、医療機関が行った治療内容などのチェックを保険者の生命保険会社が自ら行うのです。日本の現行の国民皆保険制度の中でも、保険金や給付金の支払拒否をすることが多くなっているのです。そして、このようなチェックはありますが、それとは比べものにならないくらいに、アメリカの生命保険会のそれは厳しいものです。このような儲け主義、利益優先の保険会社が、「年齢、病歴などに関係なく日本国民に提供されている日本の国民皆保険制度」を、逆立ちしてもつくることはありませんし、できません。その理由には、生命保険制度において、過去の病歴を無視して健康な人と同じカテゴリーの中に入れた保険商品の開発は、ステークホルダー（利害関係者）の利益を損なうことにもなるという一面があるからです。

したがって、現行の「健康保険＋医療保険・傷害保険」がなくなり、「医療保険・傷害保険」だけになってしまいますと、アメリカ人の破産トップの「医療費が支払えない」という事実が、日本で現実のものになります。このため、国民皆保険は死守してもらいたいと、切に願っております。

当たり前ですが、生き残るには不用意に病気にならないことです。そのためには、日々の食生活を、健康的なものに変えなければなりません。しかし、ＧＭＯ食品が世界を席巻している現在、人の健康を維持することは至難の業ですが、「意識」することによって、少しでも改善できます。

日本の国民皆保険制度を堅持したうえで、民間保険会社の医療・がん・傷害保険に過剰に頼らなくても、いいような日々が送れるようになれることを願っております。

エピローグ

私の保険業界歴は、1984年（昭和59年）からですので、今年で33年目の夏になりました。当時は「護送船団方式」という保護のもとで、保険会社は運営されていました。つまり、どんな下手くそな経営が原因で、経営が悪化したとしても倒産しないように守られているという環境でした。

ところが、1996年の橋本首相の金融ビッグバン宣言、日米保険協議での合意により、1998年7月1日より損害保険料率が完全自由化されたことを契機に激変しました。この保険の自由化によって、各保険会社は新商品発売ごとに大蔵省（現金融庁）に対して、逐一、許認可を取らなくても包括的に取れるようになりました。

結果、新保険商品の開発販売が早くできるようになったのですから、より消費者目線に立った新保険商品が供給されるかと期待したものです。

もともと、上位大手企業（10％程度）以外中堅・中小企業の契約者（消費者）には、予め保険会社が用意したお仕着せの保険商品にしか入ることができなかったのです。しかし、僅かでも消費者に近づいた保険商品づくりを期待しましたが、残念ながら、その歩みはわずかなものに留まりました。

目がテンになって止まりました。

大阪・肥後橋にある旧日本火災海上（現、損害保険ジャパン日本興亜）のオフィスにあるパンフレット立てのラックの中にある「賠償責任保険のパンフレット」が、視界に入ったときのことです。この保険は、保険の自由化の申し子と言われたＣＧＬ保険（Commercial General Liability or

Combined General Liability）の「簡易版ＣＧＬ保険」でした。

「これ何？」と担当者に訊くと、「業種と売上高を聞いていただいたら、保険料が簡単にでるので、どんな保険代理店さんにでも売ってもらうために、つくられたのですよ」と返ってきました。

続けて、「菊地さんとか、勤務先の保険代理店さんなら何の心配も要らないですがね〜」とも言われました。自由設計が謳い文句であったのに、実はそうではないのです。現在はさらにその傾向が強化されています。

このことは、保険代理店は、保険会社が用意してあげた保険商品を粛々と改正保険業法を守って問題を起こさずに販売をしてくれたら、それでいいのですよ！　ということなのです。

つまり、残念ながら、本当の意味での保険の自由化は、マーケットや保険代理店に対してではなく、保険会社に対してのものだったのです。保険の自由化になってからは規制が強化され画一的な保険商品がたくさん発売されてきました。保険の自由化になって不自由になってしまいました。

そして、「プロローグ」でも触れましたが、保険の自由化に伴い、今まで経験したことのない保険料値下げ競争や補償範囲拡大競争時代に保険会社は突入しました。その結果、ほぼ全保険会社で不払い未払問題が発覚したのです。

しかも、このような失態をしでかしながらも、この不払いや未払いの問題を起こした保険会社に対して金融庁は、旧損保ジャパンの山口支店に1ケ月の業務停止命令を、ほかには、２週間の業務停止命令を4件、業務改善命令を34件発令しただけに留まりました。

「赤信号みんなで渡れば怖くない」ということなのでしょうか?

果たして、保険会社は社会的責任(CSR)を果たしているといえるのでしょうか?

松浦章著の『日本の損害保険産業』(2014年9月18日初版、桜井書店)の中に、「第3章 第1節三メガ損保体制と代理店」で、次のように述べています。(以下、原文そのまま)

『「代理店の選別と切り捨て」である。2009年1月、合併・統合発表の記者会見で、三井住友海上の江頭敏明社長(当時、現会長)は「三社あわせて10万店の代理店がある。まずは、代理店の教育が必要だ。教育でお客様に説明責任をはたせる代理店を増やす。そうでない代理店には退場してもらうことも必要だ」と述べた。この間、派遣社員・契約社員の解雇や雇い止めが大きな社会問題となってきたが、損保会社が代理店を無理やり「退場」させるのも同じ性格と言えよう。

こうした「選別と切り捨て」方針が顕著になったのは2008年である。リーディングカンパニーの東京海上日動は、全ての代理店のすべての募集人が適合性原則に基づく適正な募集行為を確実に実行するため、徹底した募集人共育を最優先事項と位置づけて繰り返し行う」としたうえで、「(それでもだめな場合は)今後の進むべき方向性について膝詰め対話を行い、……適切な進路を相互に確認する」と、暗に代理店契約の解除をほのめかした。』

これは保険代理店だけではありません。弊社を担当する男子営業社員（50歳代後半）が今年の3月末で「希望」退職扱いの「指名解雇」をされてしまいました。また、合併前の出身保険会社により、新会社での雇用差別も行われています。

保険会社は、ひたすら規模拡大を目指しながら、単なるコストにすぎない保険代理店の「選別と切り捨て」を行ってきましたが、改正保険業法の下、今後さらに「選別と切り捨て」が強化されていくことでしょう。

そして、保険会社は、自らの従業員を削減するなどしてコストを抑えてきていますので、当然従業員の1人当たりの業務量を増やすことに繋がっています。

しかし、保険会社の末端とさらにその先にいる保険代理店の関係と同じ構図のように、保険会社の末端の悲鳴は保険会社の中枢には聞こえません。保険会社の「雇用の劣化」が進んできていることも心配です。「現場の人」を減らし続けている中、ふた昔の前のような保険会社社員と保険代理店との接点はさらに激減し、希薄になりました。

保険会社と保険代理店では果たすべき社会的責任は違うところにありますが、それぞれの社会的責任（CSR）を今こそ果たすべき時がきました。

おわりに

人間の徳、企業の徳

『正法眼蔵随聞記』の中に次のような話がある。

「唐の大宗は、人民が悪口を言っているとき、『私に人徳があって、悪く言われるならば心配はない。もし、人徳がないのに人からほめられたなら心配しなくてはならないが……』と言っている。……また随の文帝は、『人知れず徳をおさめて、人民が王の徳をたたえるようになるのをまつ』と言っている。道の徳を立派に身につけ、人民が王をほめたたえるようになってから、民を正しく導いてゆくのである。そういうものである。人知れず仏道にかなった行いをしていれば、おのずから仏道の徳が外にあらわれてくる。すると、人は自然にその徳に帰依するのである」。

これは、さらに次の話が続いている。

「……間違いをおこすのは、人に尊敬されたり、地位や財宝が豊かになったのをもって徳があらわれたのだと自分も思い、人もそれによって判断することである。……しかし真の徳には三段階がある。第一は、あの人は仏道修行をしていると知られること。第二は、その道を慕ってついてくる者が出ること。第三には、その道を一緒になって学び、同じように修行するようになることだ」。

引用がやや長くなったが、道元の教えによれば、リーダーは結局、普段の「行い」によって部下を導くのだ、ということである。リーダーのやってきたこと、やっていること、それが「後ろ姿」にあらわれていれば、檄など飛ばさなくても部下は動くであろう。

それでは、リーダーは日頃何をすればよいのか。それは、禅の道なら「只管打座」、経営では「やるべきことをやる」以外にない、経営はマジックではない、というのが私の結論である。

不況や貿易摩擦など厳しい状況下にある自動車産業だが、トヨタ自動車の豊田章一郎会長は、ある新聞のインタビューで次のように語っていた。

「好・不況はしょっちゅうあること。いいことが長く続かないように、悪いことがずっと続くことはない。経営者がしゅんとしてはいけません。とくに不況期は、ふらふらせず、信じることをきちっとやることです」

「政府にああしろ、こうしろと言うことはけっこうですが、基本は自助努力。経営のスリム化とかリストラとか、それを悪くとってはいけません」

環境の変化に対応して、自分たちがやるべきことをやる。明快な答えだと思う。

不況の下、努力に比して業績は上がらず、しかも会社から与えられる目標はますます厳しいとなると、部下の士気は下がる。

一生懸命努力しても成果が少ないものだから、だんだん意欲が低下するのは一面やむを得ない。しかし、こういうときにこそ、部下には力を発揮してもらいたい、というので、リーダーたる者は、盛んに檄を飛ばすのだが、やはり部下はなかなか思うように動かない。ついに、声高になるが、「高いところで旗ばっかり振っているが、現場の苦労を何もわかっちゃいない」などと思われてしまい、激励も逆効果になったりする。

難しい状況に際して、どうすれば人は動いてくれるか。これは不況下においてリーダーの心得はどうあるべきか、ということである。

今や、企業の優劣をはかる基準として、収益の高さだけでなく、環境への配慮や社会貢献という物差しが加わっているようだ。そういう流れはよく理解できるが、一方で、企業の基本的社会貢献は「本業を通しての社会貢献」であることが忘れられていないだろうか？　経営をしっかり行い、利益を出し、税金を納める。この視点が忘れられてはいけないと思う。企業によっては、そのイメージに必要以上にこだわり、話題になりメセナなどに気を取られ過ぎていたのだろうか。

「本業を通しての社会貢献」という基本を忘れたことがバブルの失敗になり、社会に膨大な負の貢献をしてしまったのである。

かつてメセナによる社会貢献を打ち上げた企業の何ほどかが、現在もそれを継続しているだろう？　本業を重視し、財務的な基盤を安定させて初めて、付けば焼き刀ではい、本当のメセナも可能となるのだ。

もちろん、事業の多角化は悪いことではない。企業発展の必然として、自社の財務、技術、ネットワークなどの資産を生かすことは経営者として当然のこと。しかも、それが、本業の周辺部分から自然な展開であるなら、好ましいことに違いない。
人間の「徳」と企業の「徳」。それは、どちらも、自らの基本的な使命を地道に果たしていくことによって積み重ねられ、やがて社会の共感を呼び、人を動かすのである。」
〈引用〉松野宗純　著『日を累ね月を積む』（１９９６年　エー・ジー出版）

ちょうど、１９９６年8月14日の日米保険協議において、「１９９８年7月1日の損害保険料率自由化や第三分野自由化で合意」したと、大蔵省が合意内容を発表した１９９６年8月16日の約半年前に、出版されたご本です。
あれから、20年の月日が流れ、今の保険業界を鑑みるにつれ、「徳」がなくなったたぁと思います。

本書を出版するにあたり、長きにわたり、ご指導お力添えいただいた白川たまさんに心より御礼申し上げます。

平成28年8月

菊地　勉

【参考文献】

「すらすら読める方丈記」 中野孝次 著 講談社文庫
「戦略がすべて」 瀧本哲史 著 新潮新書
「1997年―世界を変えた金融危機」 竹森 俊平 著 朝日新書
「リスク、不確実性、そして想定外」 植村 修一 著 日本経済新聞出版社
「聞き上手だけでは相手にのまれます」 樺 旦純 著 青春新書
「実務保険請求入門」 髙橋 正人 著 民事研究会
「保険法MAP解説編&保険法MAP 判例編」 今川 嘉文・内橋 一郎 編著 民事研究会
「保険関係訴訟法」 塩崎 勤・山下 丈・山野 嘉朗 編著 民事研究会
「生損保における販売チャネルの現状、課題そして、今後の展望」 中崎章夫著 共済総研レポート
「炭水化物が人類を滅ぼす」 夏井 睦 著 光文社新書
「白米が健康寿命を縮める」 花田 信弘 著 光文社新書
「小麦は食べるな!」 Dr．ウィリアム・デイビス 著 白澤 卓二 訳 日本文芸社
「「いつものパン」があなたを殺す」 デイビッド・パールマスター 著 白澤 卓二 訳 三笠書房
「「腸の力」であなたは変わる」 デイビッド・パールマスター 著 白澤 卓二 訳 三笠書房
「「アメリカ小麦戦略」と日本人の食生活」 鈴木 猛夫 著 藤原書店
「油脂の科学」 戸谷 与一郎・原 節子 編著 朝倉書店
「しっかり学べる栄養学」 川端 輝江 編著 ナツメ社
「甘い物は脳に悪い」 笠井奈津子著 幻冬舎新書

参考文献

「食品の裏側」　阿部　司　著　東洋経済新報社
「体を壊す10大食品添加物」　渡辺　雄二　著　幻冬舎新書
「塩分が日本人を滅ぼす」　本多　京子　著　幻冬舎新書
「砂糖をやめれば10歳若返る」　白澤　卓二　著　ベスト新書
「なぜ、マーガリンは体に悪いのか？」　山田　豊文　著　健康人新書
「トクホを買うのはやめなさい」　内海　聡　著　竹書房新書
「米韓ＦＴＡの真実」　高安　雄一　著　学文社
「ＴＰＰと医療の産業化』　二木　立著　勁草社
「ＴＰＰ本当のネライ」　板垣　英憲　著　共栄書房
「ＴＰＰは国民医療を破壊する」　京都府保険医協会　編著　かもがわ出版
「安倍医療改革と皆保険体制の解体」　岡崎祐司・中村暁・横山嘉一　編著　大月書店
「ルポ貧国大国アメリカⅡ」　堤　未果　著　岩波新書
「信長以降に造られた地震シェルター日本の都市化が地震を「怖いもの」にした」
検索「信長シェルター」でクリック
「生損保業界における不払い問題」　財政金融委員会調査室　井上　涼子氏
http://www.sangiin.go.jp/japanese/annai/chousa/rippou_chousa/backnumber/2007pdf/2007 1026039.pdf
「避けたい危険な食品　添加物一覧」
http://tenkabutu.com/caseiin

著者略歴

菊地　勉（きくち　つとむ）

1961 年滋賀県生まれ。元損害保険登録鑑定人。
全国に営業拠点展開する保険代理店の法人営業企画部長。大学卒業後、大手損害保険会社を経て、損害保険鑑定人として、総額 1,500 億円を超える評価鑑定並びに損害鑑定に携わる。
保険商品よりも保険約款・社内規定に通暁することが必要不可欠という信念のもと、日々の仕事に当たっている。その傍ら、妻亡きあとは家事、育児を熟し、毎朝 5 時起きで無添加を意識した朝ごはん、お弁当をつくって愛娘を学校に送り出すシングルファザー。

ブログ名：シングルファザー・きくたんのレシピ
URL：http://ameblo.jp/soken1130
検索：「きくたん料理」でクリック

保険は危険がいっぱい！

2016年 9 月15日　初版発行

著　者　菊地　勉

発行人　森　忠順
発行所　株式会社 セルバ出版
〒 113-0034
東京都文京区湯島 1 丁目 12 番 6 号 高関ビル 5 B
☎ 03（5812）1178　FAX 03（5812）1188
http://www.seluba.co.jp/
発　売　株式会社 創英社／三省堂書店
〒 101-0051
東京都千代田区神田神保町 1 丁目 1 番地
☎ 03（3291）2295　FAX 03（3292）7687

印刷・製本　モリモト印刷株式会社

Printed in JAPAN
ISBN978-4-86367-293-2